# REVELACIONES DE UNA ESPÍA

Jaquelin Gutiérrez

Jaquelin Gutierrez

# REVELACIONES DE UNA ESPIA

PROLOGO CONSTAZA TURBAY COTE

© Jaquelin Gutiérrez
© Revelaciones de una espía

Portada: Luis Alberto Bayona- Pintor
www.albertobayona.com

Edición
Jairo Paez Quintero
Harley Gutiérrez

ISBN papel: 978-84-685-2301-9
ISBN pdf: 978-84-685-2302-6

Impreso en España
Editado por Bubok Publishing S.L.

Reservados todos los derechos. Salvo excepción prevista por la ley, no se permite la reproducción total o parcial de esta obra, ni su incorporación a un sistema informático, ni su transmisión en cualquier forma o por cualquier medio (electrónico, mecánico, fotocopia, grabación u otros) sin autorización previa y por escrito de los titulares del copyright. La infracción de dichos derechos conlleva sanciones legales y puede constituir un delito contra la propiedad intelectual.

Diríjase a CEDRO (Centro Español de Derechos Reprográficos) si necesita fotocopiar o escanear algún fragmento de esta obra (www.conlicencia.com; 91 702 19 70 / 93 272 04 47).

# AGRADECIMIENTOS

Al Eterno Dios de Israel, porque perdonó mi iniquidad, me liberó del espíritu de rebeldía y me brindó otra oportunidad para servir como instrumento de verdad, de amor y de paz.

A mi esposo, amigo solidario, cómplice de mis andanzas y pacificador de mis tragedias.

A Claudio, guía, amigo y profesor, quien me enseñó a ver la faceta más interesante del Eterno.

A mi hermano, Harley, por su asesoría y apoyo incondicional.

A Nacho, líder y amigo imprescindible, y a su amada, Ary, por su ternura, su amor, y por la presencia del pan en la mesa en los días de *shabbat*.

Al Flaco mi amigo de siempre, su amor por la vida, su ayuda irrestricta y su gran sabiduría no le permitieron reconocer su invaluable labor en la edición de mis escritos.

A la Nena Turbay por su infinito amor, por su capacidad de perdonar genuinamente, elegida por Dios antes de nacer para ganar las más aguerridas y duras batallas.

A Alirio y a Patty, por su condición irrestricta de servicio.

A mis hijas, el motivo de mis luchas.

A mi mamá, mujer hermosa, incansable y buena. A mis hermanos, y a todo el resto de mi familia.

A mis amigos, de ahora, de ayer y a los que murieron, que aún nutren nuestras vidas con el sonido de sus voces, de su felicidad y de sus llantos, registrados en la memoria y en los acordes de la guitarra que aún llora su ausencia.

# Índice

Prologo ................................................................................11

Capítulo 1. Recuerdos de la Felina ....................................17

Capítulo 2. Una historia en el Medio Oriente ..................31

Capítulo 3. Una historia de amor ......................................53

Capítulo 4. La espía de la guerrilla ....................................73

Capítulo 5. La misión en la manigua ................................95

Capítulo 6. Regreso a casa desde el frente ......................115

Capítulo 7. La clandestinidad ..........................................135

Capítulo 8. El asesinato del último integrante del grupo ..................167

Capítulo 9. El exilio ..........................................................191

Capítulo 10. Mi hija Ruth ................................................213

Capítulo 11. Reflexiones de la Felina ..............................235

# PROLOGO

*Revelaciones de una... espía,* es una novela basada en una historia real que resume las vivencias de una mujer colombiana, que a su temprana edad colaboró activamente con un grupo guerrillero a inicios de los años 80, como espía que sirvió de enlace entre la sociedad civil y el grupo insurgente.

La Felina que es el nombre que adoptó para describir a un personaje que usó su talento musical y su natural liderazgo para penetrar el escabroso mundo de la subversión en el sur de su país, invadiendo caminos que pertenecían estrictamente al género masculino. Recorría las exuberantes selvas, las mesetas, los llanos, las veredas y las montañas colombianas. Camuflada como estudiante universitaria y cantante de música folclórica, para llevar mensajes cifrados cuyo significado muchas veces desconocía, para transportar material de guerra que hubiera podido quitarle la vida en un instante; para movilizar guerrilleros heridos que necesitaban ayuda urgente, y para entretener con sus canciones en las noches de tertulia en la selva a sus «camaradas» después de largas horas de trabajo, de deambular en trochas y caminos que hacen de este bello país uno de los sitios más exóticos y encantadores del planeta.

La inocencia de sus burbujeantes años de juventud, la risa de los niños en las casas humildes, no le permitían ver que no estaba en lo correcto y que su pequeña humanidad corría peligro, que estaba exponiendo su vida en cada misión que, como ella lo relata en su vivo y apasionante escrito, siempre culminaba con asombrosa precisión.

Este fue el motivo por el cual rápidamente ascendió e integró un grupo selecto de auxiliares del que hacía parte un médico, un músico, un piloto, un arquitecto, un trabajador de una empresa multinacional y ella, la Felina, una mujer de frágil figura. La líder de ojos claros se convirtió en una pieza interesante para la cúpula de un frente de la guerrilla, que veía en ella la esperanza del reclutamiento de líderes estudiantiles, como la Felina, que expandieran su ideología, por toda la región.

Fueron cinco años de intenso trabajo y estudio, inmersa en una ideología y actividades que según sus propias palabras "...*implantan en las mentes de los humanos el odio, el resentimiento, las ganas de venganza y la crueldad*". Pero de lo que -nos cuenta-...

"*Gracias a la misericordia del Eterno Dios de Israel, a los valores infundidos en su casa y a su instinto de conservación, pudo deshacerse a tiempo sin ningún traumatismo...*". Acogiéndose a buena hora a la amnistía que decretó el gobierno del presidente Belisario Betancur Cuartas.

Posteriormente, cuando quiso retomar una vida normal, la Felina culminó sus estudios universitarios e hizo una maestría que la habilitó para trabajar en una empresa de salud gubernativa.

Lamentablemente para ella, su relación con la guerrilla la persiguió, pero esta vez desde un escenario opuesto, cuando en su trabajo como auditora en una empresa del estado, encontró que ese grupo al margen de la ley, para el que dedicó una parte muy interesante de su vida, se había infiltrado en esa institución de salud y que, a través de sus testaferros, robaba medicamentos de tercera generación y de alto costo que usaban para venderlos en el mercado negro y obtener millonarias ganancias y de otro lado, para salvar la vida a sus miembros heridos en combate.

El recio carácter de la Felina la llevó a una lucha sin cuartel en contra de quienes habían sido sus camaradas. Disciplinadamente compiló las evidencias y, absolutamente resuelta, como ha sido su siempre su personalidad, los delató ante la justicia. Esa decisión osada y admirada por muchos e intransigente para otros, puso su vida en peligro porque, usando los métodos que ellos mismos le habían enseñado, logró desvertebrar una macabra organización criminal.

La persecución no se hizo esperar, y a pesar de todas las cosas que este grupo insurgente hizo para detener la acción de su antigua compañera de andanzas, la Felina escurridiza como siempre, pudo hoy contar esta insólita pero muy real historia, gracias según ella misma ... *"Esa protección sobrenatural que siempre la ha acompañado y que ella percibe con infinita claridad."*

Nos relata la Felina que todos los integrantes del grupo élite de inteligencia al servicio del grupo guerrillero fueron asesinados. Solamente ella sobrevivió a esa guerra sin cuartel a la que fue expuesta y, finalmente, huyendo de sus verdugos, se refugió en un país encantador que le abrió las puertas. Apoyada por su amado esposo y sus hijas, pudo reiniciar, como una mariposa en su normal metamorfosis, cuyas modificaciones le permiten volar alto y sin límites, una nueva etapa de su vida.

En ese nuevo espacio de su existencia, la Felina vuelve a encontrar los vestigios de la guerra, cuando adoptó a una niña iraní, hija de un soldado que participó en el enfrentamiento bélico entre Irán e Irak con el que se conoció en el país que los recibió a ambos. Él también estaba huyendo de los recuerdos, de la tragedia, de los muertos y de sí mismo, como quiera que su traumática experiencia en el campo de batalla dejó secuelas mentales que padece hasta nuestros días.

Muy a pesar de las enormes distancias, la crueldad de la guerra le enseña a la escritora y por su intermedio a los lectores que el flagelo devastador de las confrontaciones armadas por ideologías no le ha dejado nada bueno al planeta y, por el contrario, sin importar las fronteras nos hace daño a todos no importa el lugar en el que nos encontremos.

Jaquelin es descendiente de una familia colombiana signada por la violencia, habida cuenta que varios de ellos, cofundadores de la ciudad que la vio nacer, fueron masacrados en las selvas del sur del país en el marco de los conflictos que generó el negocio de la explotación del caucho en el siglo XIX.

Encuentro significativa la contribución que desde su visión y experiencia de vida, nos presenta la Felina en su propósito de contribuir a la paz mediante esta novela, comunicando a sus lectores, especialmente a los jóvenes que se ven impulsados a contribuir con un mundo mejor, para que en ese intento, que es legítimo, nunca consideren que las armas y la violencia puedan ser la estrategia para alcanzarlo y por el contrario, la tragedia que significan los desencuentros que originan las guerras, han dejado tanto dolor y traumatismo en muchos puntos geográficos del planeta.

Con la autora de esta apasionante y didáctica novela, compartimos el paralelismo de una vida, donde ella, su familia, la mía y yo, todos hemos sido infamemente atropellados por la subversión. No obstante, tanto Jaquelin como yo, conseguimos cambiarle la cara de amargura a nuestras respectivas tragedias, combatiendo el mal a base de bien. Después de la extrema violencia que a ambas nos ha tocado padecer, no es el camino más rápido de tomar, pero si el más loable y edificante.

La absurda violencia de mi país se llevó a los seres más amados de mi vida; mi madre y mis dos únicos y jóvenes hermanos, fueron cruelmente masacrados por las FARC, e.p. En mi condición de única superviviente de mi familia, terminé siendo protagonista activa del actual Acuerdo de Paz en Colombia, cuando el mundo y mi país conoció que había sido capaz de perdonar lo imperdonable. Mi perdón se hizo público, no como un pasaporte de impunidad a quienes en ese momento asumieron como dueños de la vida, sino para empezar a edificar la paz. Considero que el mayor y titánico aporte que podemos hacer las víctimas al Proceso de Paz es nuestro perdón. Perdón que debe ir estrechamente ligado a todos los actos de reparación posible por parte de los perpetradores. Entonces lograremos romper con la cuenta de odio que ha dejado la violencia y construir una paz duradera y con arraigo.

La necesidad siempre nos ha obligado a encontrar soluciones. A pesar de mi insondable y profundo dolor, pero fiel a la educación y al ejemplo de cada uno de los miembros de mi familia que me dejó; desde un principio me esforcé y con la ayuda de Dios me decidí por el perdón. Fue perdonando de corazón como viví y conocí el inimaginable e inigualable poder sanador, reconfortador y liberador del perdón.

Con Jaquelin la autora de esta fascinante novela, además de mi amistad y mi admiración hacia ella, nos une también, desde nuestras diferentes perspectivas, la identificación de objetivos; ya que compartimos un deseo y una contribución para que nuestra fantástica tierra colombiana se enrute un día por los senderos de la concordia y la convivencia pacífica.

Convertidas en agentes activas de paz a través nuestras acciones y testimonios de vida, invitamos a las futuras generaciones para que sin recurrir a la violencia contribuyan a un contrato universal para detener la guerra y sus trágicas consecuencias. Es así, como construiremos un torrente de paz invencible, que elimina las confrontaciones violentas, y si no lo hacemos, las futuras generaciones, asistirán a un país inviable en el que no habrá esperanza para continuar.

**Constanza Turbay Cote**

# Capítulo 1. Recuerdos de la Felina

El teléfono sonaba insistentemente en una noche llena de sorpresas y estruendos que levantaban polvareda en el interior de cada uno de los pobladores del lugar, «La noche va a ser larga», pensó intrigada la Felina, quien días antes había llegado exhausta a su hogar después de un largo viaje por el Medio Oriente, que cambió su condición de vida, su concepto de esas hermosas y lejanas tierras y su expectativa respecto a su relación íntima con el creador del universo. En un respiro profundo que alivió su pequeña humanidad, decidió ignorar al intruso que interrumpió su descanso.

Fatigada, la Felina merodeaba en lo profundo de sus sueños, en la lista innumerable de viajes a un lugar especial donde estaba rodeada de entes buenos, paisajes coloridos y sonidos clásicos, todo junto entrelazado en una armonía perfecta. En ese preciado lugar, seres inimaginablemente hermosos daban la bienvenida a los habitantes del planeta con una pieza musical grandiosa e invitaban al asistente a este fascinante espectáculo, a disfrutar, amar y valorar toda clase de pájaros cantando melodías indescifrables. Entre dormida y despierta, la Felina podía escuchar el sonido apacible de las golondrinas, que volaban impacientes dando trinos de felicidad. En el invierno viajaban a un sitio más templado, buscando un lugar más cálido, porque hasta los animales conocen el calendario profético y se postran a Él.

La madrugada era fría y la soledad imponía un silencio que invitaba a la reflexión. «Ya es tiempo de despertar de este lindo y anhelado viaje», resolvió la Felina, preparada para otro día, para dar la batalla en contra de las adversidades que golpean nuestro espacio interior como buitres y vampiros hambrientos que aspiran dejarnos sin aliento y esculpir, saciados de odio, su verdad. La Felina se levantó de su cama, sacó de su escondite un café gourmet hecho en las montañas de Colombia, y lo preparó siguiendo las instrucciones de la abuela Concha, para deleitarse con el sabor inigualable de esa bebida única con el que imprescindiblemente inician su labor los labradores de la tierra. Sorbo a sorbo tomó su café, fijó la mirada en ese bello paisaje que le brindaba una paz inefable, observó por la ventana que el lago seguía ahí, intacto, y que en sus reposadas aguas reflejaban una belleza indescriptible, árboles de follajes verdes, que hacían un maravilloso y colorido juego con las hojas secas que empezaban a caer al ritmo de los vientos y que, en su despacioso movimiento, declaraban un lamento que se tomaba el lugar.

Mientras estuviera en su casa, esta mujer de mirada apacible disfrutaba ataviarse con una manta guajira, un vestido largo y de tela fresca que usan las bellas mujeres del norte de su país, que les permite moverse holgadamente en medio del sofocante calor. A través de esta hermosa prenda, la Felina intentaba honrar a su raza y a las musas de esa región exótica perteneciente a la cultura Wayú. Percibía en su existencia el afable encuentro con la libertad; quería volar como las mariposas, que dejan en sus alas la sensación maravillosa de sentirse vivas, y quería percibir desde la lejanía, el olor del mar en el Cabo de la Vela y avistar los pájaros que, con cantos altivos, inundan de paz a sus moradores. Su cabello era rizado y desordenado. Lo único que resaltaba en la cara de esa mujer de baja estatura, era la grandeza y el lenguaje de sus ojos color miel que, endulzados con una sonrisa, declaraban su capacidad inquebrantable y decidida para empezar la batalla diaria.

La mañana era gris y el viento intentaba allanar los lugares más tranquilos y seguros de la casa. La Felina respiró profundamente, era un lunes en que debía ir a trabajar para generar el ingreso que garantizaría la sobrevivencia de su prole. «¿Quién habrá sido el intruso que llamó anoche? ¿Y tan tarde?» recordó aturdida. No le dio más importancia al tema e inició su rutina diaria: solía traer a su memoria cada cosa que había hecho el día anterior para describir y resarcir las veces en que había pecado de nuevo, en que había agredido de nuevo, en que había amado y en que había abrazado de nuevo. Al final, reconoció sus errores y, con la intención de ser mejor persona, prometió cambiar su manera de sentir, expresar y amar.

El teléfono sonó de nuevo, una y otra vez. Cuando la Felina finalmente contestó, supo que era su hermano menor quien la había llamado la noche anterior.

—Hola, Esdras. Qué alegría escucharte. Creo que anoche me llamaste, pero estaba dormida… ¿Qué pasó con la llamada? —preguntó la Felina.

—No sé, realmente, intenté varias veces —contestó su hermano—. ¿Cómo están todos?

La Felina aprovechó el tiempo para preguntar por cada uno de los miembros de su familia: sus sobrinos, que amaba con locura; su mamá, cuyo estado de salud no era óptimo, como quiera que había sido diagnosticada con un problema serio en su retina; y su perro, Káiser, que estaba casi ciego por su estado de vejez. Así, siguió indagando por sus allegados, uno por uno. Su hermano, Esdras, que siempre había sentido un gran aprecio y amor por su hermana la puso al tanto de las nuevas noticias:

—Mi mamá está mejorando. Todos estamos bien, gracias a Dios —hizo una pausa, y luego continuó con un tono sombrío—. Te llamaba para comentarte que ha habido movimientos raros alrededor de la casa. Ha venido gente extraña a preguntar por ti; es mejor que no te aparezcas por un largo período de tiempo. Los guerrilleros están intentando hacer un proceso de paz con el gobierno, pero, como ya sabes, es un contubernio que lo único que deja es corrupción...

—¿Verdad? —interrumpió la Felina—Gracias por advertírmelo, esta guerra es una epidemia que no va a terminar jamás. —Hizo una pausa, perdiéndose de nuevo en sus reflexiones por un momento—. En fin, salúdame a toda la familia—se despidió la Felina de su hermano.

Con la nostalgia por sentir su regreso aún más lejano, se devolvió al sofá sin musitar palabra. No obstante, tras un rato en silencio, decidió levantarse y recargar sus baterías para vivir otro día determinado por la confianza en un personaje patético que se manifiesta de diferentes maneras: un enemigo que se hace llamar amigo; una sombra negra que pretende ser blanca; un ser que odia y que hipócritamente ama; y una risa amable que en realidad es hiel. El morboso maridaje que tiene el humano con esa malvada entidad, a la postre, mostrará las consecuencias de esa temporal e ilícita relación que deja ruinas y desolación.

El tiempo corría dando pasos gigantes, como las aves cuando desaparecen en la inmensidad del firmamento. Sus sombras llaman al olvido, como ese periódico que, siendo vigente en la mañana, se vuelve basura al atardecer.

Había llegado la noche, que resplandeciente exponía con su belleza la existencia de un Creador que mueve con una perfección inexplicable la dinámica cósmica. De manera inentendible amalgama la oscuridad con la luz, los días se comunican entre sí, garantizándonos todos los recursos que necesitamos para sobrevivir; el sol ronda por todo lado haciendo gala de su inmensidad, sin que nadie logre escapar de su calor, la luna cómplice como celestina, inspira a los enamorados que en cada parque procuran confesar su amor. Ya en la madrugada, la Felina regresó a su meditación, agradecida porque, pese a las penas del mundo, ella lograba sobrevivir en paz y con provisión; con la presencia de amigos especiales que, siempre con su cálida sonrisa, esperaban pacientes subir a sus moradas celestiales.

En su estado de ensimismamiento, la Felina se preguntaba una y otra vez: «¿Cómo es posible moverse en esos linderos de la subconsciencia, espacios incomprensibles al ojo humano?». Igualmente, manifestaba su deseo de quedarse por siempre allí, disfrutando el estado perfecto de la creación, el encanto infinito que producen esos paisajes nunca vistos, esos ríos colmados de color azul intenso... Pensaba también en la enorme cantidad de seres vivos habitando esos lugares; en ellos se podía sentir infinita paz en la que vivían. Se deleitaban corriendo por las hermosas e inmensas llanuras de pastos verdes donde la Felina irradiaba felicidad en compañía de su más fiel amigo: su perro Coco. A pesar de este sentimiento, nada de lo que presenciaba respondía a sus desmedidas inquietudes acerca de las experiencias que solía tener en sueños.

Pasaban los días, la incertidumbre enajenaba el corazón de la Felina, porque en su amado terruño los transeúntes que tiempos atrás reflejaban paz, y que al sonido de la música y el jolgorio expresaban su amor por la vida, ahora irradiaban tristeza y sus acongojados ojos expresaban angustia y ansias de volar a otros linderos. La guerra, mal perpetuo de la humanidad, azotaba a este país y producía el temor que descansa sobre la indecible e inesperada situación del mañana. «¿Acaso tenemos los humanos algún tipo de esperanza en la inclemencia y el dolor que se desplazan a ritmo de improvisación, violencia y corrupción en las calles del mundo?» se preguntaba la Felina una vez más. En su país de origen, las aves danzan al vaivén de las olas del mar. Los hombres y mujeres valientes son orgullo de una raza pujante. Las creaciones musicales permiten a sus moradores un gemido profundo que atraviesa su interior, que invade sus recuerdos y abren un espacio en lo más recóndito de su existencia.

Ya en el ambiente sosegado y frío del país que la acogió pero que no era el suyo, la Felina inundó su mente con recuerdos y pensamientos que la condujeron a un viaje con la realidad, esa que era difícil de reconocer. La Felina no pudo evitar que sus ojos derramaran una lágrima, que percibió en la comisura de sus labios haciendo honor a la angustia, dándole la bienvenida a la tristeza. Tendría que seguir su camino a pesar del inmisericorde dolor que, con cada minuto que pasaba, le quitaba la calma y le generaba una profunda sensación de vértigo, hasta que, incluso, llegaba a sentir la presencia de la muerte. Ella hubiera deseado estar inmersa en una pesadilla pasajera, pero, aunque el tiempo para la Felina transcurría en aparente tranquilidad, los vientos de guerra y la insensatez de los hombres se replicaban cada minuto en los noticieros que se lucraban de su dolor, al reproducir los padecimientos de miles de seres masacrados por sus creencias, color o incluso, por su tragedia.

Un macabro escalofrío invadió su cuerpo, al notar la inminente guerra en diferentes partes del planeta, como el Medio Oriente, leitmotiv de las noticias alrededor del mundo. Para la Felina era inconcebible entender cómo el hombre, amparado en sus más temerarias argucias y su miserableza, justificaba la destrucción de un lugar del hemisferio, en donde el hambre se incrustaba en las envejecidas paredes de las humildes casas de los más necesitados. Todo el sufrimiento era provocado por la intención maquiavélica de tener una fuerte incidencia sobre el petróleo, fuente natural imprescindible para el desarrollo, que algunos países tienen el gran privilegio de poseer. Este mineral precioso que produce escozor y las más libidinosas pasiones en un pequeño manojo de personas, incluidos los políticos de turno, sirve como pretexto para preservar la paz, irónicamente haciendo la guerra y con ello aumentando el mercado bélico y su preponderancia sobre la tierra, empobreciendo cada día aún más los pueblos, todo como resultado de su más atroz, enfermiza y desmedida ambición

«¡Ay! ¡Mundo infiel y despiadado! Es tan necio que se empecina en creer en dioses imaginarios para no reconocer su propia verdad. ¡Ay! ¿Cuánto dolor padecerá?». Se preguntaba la Felina con angustia. «Por sus locuras sin fin, por sus mentiras que claman luz y verdad, el mundo experimentará el dolor de un fuego interno; la soberbia, la necedad, la lujuria y la locura traerán sufrimientos incomparables; el Holocausto, que acribilló a tantos seres inocentes, será como un juego de niños comparado con los dolores que se avecinan». La Felina se negaba a aceptar que se estuvieran repitiendo los sufrimientos del pasado de la misma manera, o aun peor. «¿Acaso el Holocausto Nazi no había sido un buen escenario de aprendizaje para evitar repetir la catástrofe allí vivida?».

La Felina recordó también sus años de adolescencia, en los que nunca hubiera imaginado que algún día llegaría a vivir en carne propia momentos tan complicados de entender, ya que para ese entonces todos esos eventos eran parte del constante análisis que le generaba la apasionada lectura de temas políticos y literarios. La guerra; la violación a los derechos humanos; los ataques de hombres descarriados a escuelas, en los que se perdía la vida a inocentes; los dictadores de países vecinos empobreciendo hasta la muerte a sus nacionales; y otros sucesos producidos por una sociedad enfermiza, eran ahora parte de su realidad. Los rizos de su cabellera se entrelazaban al ritmo de sus dedos que se movían desesperadamente, tal vez para apaciguar la ansiedad y las náuseas, producto de la intolerancia que la rampante situación dejaba a su paso. A la Felina la consumía la impotencia y la culpa porque, por un lado, no se permitía, por su manera de pensar, quedarse estática en la crítica sin hacer nada y, por otro lado, porque muchas veces, tal vez por evitar el dolor, ella había hecho caso omiso a vejámenes, como violaciones, tragedias y asesinatos, sin sentir en su interior un ápice de piedad o misericordia por aquellos que sufren día a día la sensación de vulnerabilidad ante sus necesidades físicas no resueltas.

Una lágrima corría de nuevo por su pálido rostro. Sus pensamientos, más que causar un asomo de dolor, reflejaban en su expresión una mirada de desconcierto. Ella reconoció ante el Todopoderoso que las cosas pasan como resultado de la maldad humana, que la tierra está llegando a su último estado de degradación, que ahora lo bueno para el hombre del común es malo y lo malo es bueno, en una franca inversión de valores que obviamente trae como resultado el desorden generalizado de nuestros patrones de comportamiento. Aunque difícil de entender, esta pequeña mujer reconoció que, pese a las tragedias padecidas en cada lugar del mundo, en su vida las cosas habían salido bien. Tuvo un espacio especial para traer a colación los tiempos en que trabajó como espía en un grupo selecto de inteligencia al servicio de la guerrilla en su amada tierrita.

A pesar de que su concepto de vida había cambiado dramáticamente tras su experiencia, nunca se arrepentiría de lo que había hecho en sus años mozos, cuando su energía y gallardía fueron el motivo de su reclutamiento. Esta mujer en medio de las actividades sociales típicas de su edad utilizaba sus grandes dotes de cantante y líder estudiantil para posar como una joven normal. En realidad, usaba su fuerte personalidad para cumplir misiones ilícitas encomendadas por los jefes del frente guerrillero que la reclutó. La Felina, quien era poseedora de una sagacidad innata, hacía su trabajo clandestino cuidadosamente y sin dejar huella. Adicionalmente, sobrevivió a esta dura y peligrosa experiencia de vida porque el Eterno protegía sus pasos en cada momento de peligro, así que ningún experto la hubiera podido descubrir; prueba de ello es que, de todos los miembros del grupo de inteligencia con los que interactuó, ella fue la única sobreviviente. Atrás quedaron los años de trabajo intenso, de militancia política, y de agresión. Asimismo, de amor, de poesía y de dolor, de tertulia y de canción.

Todo comenzó años atrás cuando, a sus diecisiete años, e influenciada por su lectura permanente, fue consciente de que su país adolecía de oportunidades de igualdad para sus semejantes, que la guerra de guerrillas arreciaba y que la corrupción del estado era incapaz de suplir necesidades básicas y proteger a los menos favorecidos. Entonces, de manera romántica y sin medir las consecuencias de sus actos, la Felina decidió perseguir enloquecidamente la revolución. Pero ella iba en busca de esa paz que no era una mujer bella de piel color canela, que tongonea sus caderas al ritmo de la samba o el merengue y que, a velocidad de vértigo, deja ver el duro músculo de su vientre. Su cabello largo y ondulado, con un movimiento sensual, logra apaciguar la tragedia y descontento de su entorno. «¡Quisiera que eso fuera así!», pensaba la adolescente Felina «para deleitar mis sentidos y crear una historia de amor sensual, tal vez prohibida».

Lamentablemente, la paz ha sido el término más tergiversado usado por corruptos, quienes engañan a la gente prometiéndoles ese estado natural de tranquilidad producido por la convivencia pacífica entre los seres vivientes, y que se logra a través de la tolerancia en nuestras vidas, del respeto sobre la opinión del otro, y a no ser censurado ni perseguido por su raza, o por su condición política, o ideológica. Y es que la concepción mercantilista que tiene el mundo de la paz es un híbrido dada su doble naturaleza que ha calado en las mentes humanas, una como un valor implícito de nuestra existencia, y la otra y más pueril, como un trofeo que se puede exhibir como ramera en fiestas, a expensas de la orfandad y dolor de una sociedad que a gritos clama justicia, una sociedad que, con el más frenético de sus gemidos, implora igualdad, y que, con el más dramático de sus alaridos, muere víctima de la insalubridad o de la guerra.

La Felina perseguía sus sueños en el alboroto calenturiento de su juventud, cuando las hormonas son coautoras de fuertes emociones. Quería descifrar el valor de la paz como ese estado de bienestar que se convierte en algo preciado; un diálogo en la distancia que nos permite volver a recorrer la casa, las veredas, el parque e inmensos y bellos lugares, la morada desde la ausencia, desde ese borroso espacio en que se constituyen los sueños, la nostalgia, el paraíso perdido. La Felina, en medio de su irreverencia, peleó la batalla, pensando que podría evitar de algún modo, perpetuar la situación de vulnerabilidad y pobreza de su gente, y la condena a vivir en el interminable éxodo, en la soledad, en el desarraigo, la violencia y el llanto, pero no encontró respuesta.

«La paz no se negocia con nadie», concluía la Felina, al reflexionar acerca de sus vivencias. «Es como si se entregara la dignidad como resultado del trueque». La paz es el ideal de una sociedad justa, un derecho que deben garantizarnos los gobernantes, no un instrumento de enajenación que permite escalar o alcanzar intereses personales por demás mezquinos. Como espía, la Felina, ilusamente pensaba aportar con su granito de arena, en un intento por preservar y cultivar un fenómeno tan profundo y tan sentido en el transcurso de un ser humano como es la paz. Denigrarla o venderla al mejor postor es como secuestrar la sociedad y argumentar su liberación a costa de una condición. Es el gobierno perpetuo de los idiotas, el bazar de los ciegos en donde el tuerto es el rey.

La paz que la Felina llegó a sentir, mucho tiempo después, era esa que veía en todos los amaneceres que le brindaba un país extraño que la recibió con los brazos abiertos, tras perder su seguridad por haber militado bajo la anacrónica filosofía del comunismo. Entonces, de común acuerdo con los cuatro miembros de su familia, decidieron empezar de cero en otro lugar, como si su nacimiento se hubiera postergado. Atrás quedaron años de insensatez, lucha y anarquía en los que ella daba la pelea sin medir las consecuencias de sus actos. Inicialmente, cuando reconoció la pasmosa soledad en la que se encontraba, la Felina lloró desde el fondo de su corazón. Extrañaba especialmente el afecto y calor de su terruño, la compañía de su amada abuela, de sus hermanos y el amor de madre. Pero, después de adaptarse a esa tierra extraña, la Felina encontró la satisfacción de vivir en paz en uno de los países más hermosos del planeta, con un desarrollo que le permite al humano evolucionar de manera normal, indistintamente de su raza, sexo o condición social y religiosa, un lugar donde el respeto por las diferencias, por el otro y por las leyes es imperativo; el individuo es valorado como un ser único y el estado provee las necesidades de sus habitantes.

Hoy puede disfrutar de la compañía de su esposo, un hombre solidario, cómplice en el amor e incondicional con su fiel esposa; de unas hijas que nacieron en un mundo calmado, creciendo bajo la seguridad que le brindan sus padres; y con un trabajo que les permite vivir una vida digna, incluso en un espacio que no consideraban como suyo. Sí, era cierto que la cultura, la lengua y las vivencias les eran extrañas, pero se mantenían agradecidos por tener a la Felina aún viva, después de padecer múltiples situaciones que pusieron en peligro su vida. Como nuevos integrantes de una sociedad ajena a su pueblo natal, su familia haría lo mejor para no defraudar la confianza y soporte de un país garante que fue imprescindible para dirimir todos los conflictos políticos que ellos padecieron en su lugar de origen.

Pasaron algunos años, y como resultado de la interacción con otras razas y nacionalidades, y dentro de la normalidad de su vida, sin esperarlo, esta mujer, con un sentido de solidaridad a toda prueba, recibió uno de los regalos más preciados que hubiese podido tener y que amaría hasta el cansancio. Se trataba de Ruth, su hija adoptada, quien, para ella, había sido enviada con la intención de expiar los entuertos de su existencia; para saciarla con la satisfacción de vivir con un ser especial que provenía de la Gran Babilonia; y para hacerle tragar sus palabras cuando pensaba, por influencia de mentiras mal contadas, que estos lugares remotos eran peligrosos y estaban llenos de terroristas y enemigos del mundo entero. La Felina tuvo que reconocer sus imprudencias, lamerse sus odios y adentrarse en un conocimiento que no le había interesado nunca: el Medio Oriente. Posteriormente, incluso sabría que su ascendencia provenía de esas apasionadas y fascinantes tierras, pues sus orígenes eran sefardíes, los de la gran España judía que dejaba, a cada paso, la influencia de su música que traspasó las fronteras del mundo gitano.

Su hija, una iraní hermosa, proveniente de la tierra grande del Éufrates. La embelesaba su larga figura, su cabello rizado y abundante, y la conmovía su ternura, que no tenía límites. Su acento, cuando hablaba español, la asaltaba con un afecto cómplice; los errores que cometía en su precario lenguaje eran una delicia a los oídos de la Felina, quien la hacía hablar y discutía con ella, solo para escuchar el sonido de su voz, que atravesaba su corazón e invadía su existencia de una sensación de infinito amor.

La Felina recordó la llamada de su hermano, hacía unos días. Ruth reconoció la tristeza de su madre y, en un intento por apaciguar su dolor, reclinó su cabeza sobre el pequeño hombro de la Felina y le manifestó cuánto la amaba. En su memoria, la joven reconocía que en su niñez su corazón había enloquecido escuchando los sonidos inquietantes y estridentes de una ciudad floreciente, inteligente y apasionada por la vida.

—Mami, quisiera que por un instante voláramos a Irán para volver a contemplar los lugares donde jugaba cuando era niña, y que me permitieron refugiarme en tiempos de angustia y soledad —intercedió Ruth, sin saber qué hacía unos minutos su madre había estado pensando en el país de origen de su hija—. Sería para mí una experiencia única poder divisar esos lugares ahora que tengo 20 años. ¿Qué dices mami?, te invito a que usemos nuestra imaginación y disfrutemos juntas ese viaje fantástico. ¿Irías conmigo? —añadió su hija, con una mirada apasionada, intentando convencer a su madre, que, acostada en el sofá, descansaba después de una larga jornada diaria, al lado de su querida hija Ruth.

—Es algo que he querido hacer desde hace mucho tiempo —contestó su madre—, será una bella oportunidad, quiero adentrarme en tu cultura, en tus ancestros y arraigos. Así te podría entender y amar mucho más.

# Capítulo 2. Una historia en el Medio Oriente

En Teherán, las tardes de verano se convierten en una fiesta en la que coterráneos y turistas disfrutan de la infinita belleza de cada parque, de cada olor. Desde el popular lago Chitgar se pueden avistar las majestuosas montañas de Elbourz, que protegen la ciudad y la colman de una sensación de libertad y frescura. Atestado de lugareños, el lago proporciona con sus azuladas aguas, la sensación de estar en un paraíso que canta a gritos su victoriosa historia, la cual reposa en los anaqueles sobrios de refinados museos. Las mujeres reflejan su singularidad porque en su interior son conscientes de que poseen una de las bellezas más imponentes del hemisferio oriental. Sus cabellos color azabache rodean sus cinturas, sus pobladas y arqueadas cejas están dispuestas a hablar, aún sin pronunciar palabras, y sus sonrisas desbordadas revelan la ternura que poseen. Las mujeres de Irán danzan y cantan, sin importarles mucho las radicales normas que su gobierno impone; nada ni nadie podría quitarles ese sentido de humanidad implícito en su ser. Pese a los conflictos de la zona, por la defensa de sus riquezas naturales, ellas pelean hombro a hombro su derecho a habitar en el terruño del Éufrates, colindante con la tierra de la promesa.

Desde 1501, Irán tiene su propia religión: el chiismo duodecimano. En 1979, este importante país del Medio

Oriente se convirtió al islamismo con la llegada al poder del Ayatolá Jomeini. Su cultura es rica en historia y en eventos importantes para la humanidad, como el matrimonio del Rey Azuero con Ruth, una judía que salvó a su pueblo de las garras del malvado Amán, quien quería exterminar al pueblo hebreo. Todas las luchas sufridas por los moradores de este país fueron motivadas por las grandes potencias, como los británicos y los estadounidenses, con el único propósito de tomarse los territorios petrolíferos y las demás riquezas naturales. En Irán sus gentes labran duramente la tierra, produciendo los más deliciosos manjares fuertes y refrescantes que adornan las mesas decoradas con dulzura y dedicación. Ocho años duró la guerra entre Irán e Irak. Ocho años de despliegue militar que destruyeron los sueños de sus habitantes, sus costumbres y su hábitat natural; de la noche a la mañana involucrados en un problema que no les pertenecía, pero que debían asumir con gallardía.

Irán, con sus noches apacibles, se convirtió en un centro de concentración de muertos, de inválidos y de forajidos, quienes clamaban, irreverentes, por el fin del derramamiento de sangre que fuerzas foráneas del mal habían provocado. Hombres jóvenes entre de 18 y 20 años fueron llamados a las filas. Los que no tenían ninguna influencia política o renombre familiar que les permitiera apelar a la decisión, fueron brutalmente asesinados en el campo de batalla. Madres sin hijos, huérfanos y viudas engrosaron la lista de los incapacitados por el odio y la agresión. Los verdaderos interesados en expandir la guerra, en sus casas, dormían la siesta sin un ápice de culpabilidad; esbirros del mal que habían nacido para eso: para matar, para desestabilizar, para mentir y para allanar los espacios que, aunque no les pertenecían, ellos asumían como propios. La guerra es el resultado del pensamiento más vil del hombre, es el legado de Satán, con el fin de destruir la creación que el Eterno, en su infinita misericordia, nos proporcionó para la sana e imprescindible convivencia.

Cuando el hombre cayó preso de las mieles de la iniquidad, cargó con las consecuencias; el no obedecer los lineamientos del Dios creador del universo, trae sus implicaciones. Estamos expuestos: el maligno fundó miles de dioses falsos para ser alabado, de esta manera estimula el espíritu de poder en los gobernantes, quienes usan la división como estrategia para garantizar su gobierno en el mundo. Uno de esos instrumentos es la guerra, que divide, que aparta, que mata, y que enajena. La mayoría de las veces los humanos asumen una posición errónea, ayudados por los medios de comunicación y por las creencias provenientes de sus propias familias, en desconocimiento de las instrucciones precisas del Creador. Como resultado de esta estafa moral, el humano se convierte en adorador de dioses ajenos, racistas, xenófobos y excluyentes. Esto lo causa la ausencia de una profunda reflexión sobre lo que pensamos, porque la historia nos es ajena, porque no entendemos y así nunca recibiéremos la verdad que nos hará libres.

Algunos años después de la guerra, y a pesar de sus terribles consecuencias, los hogares continuaban haciendo honor a sus ancestros. Las mujeres obedecían la dirección de sus esposos y los hijos iban a la escuela, en donde particularmente aprendían del Corán. Ruth, ahora en un país extraño, añoraba el tiempo en que su rutina se circunscribía a ir al colegio. Cuando volvía a su casa, la niña se alistaba para satisfacer uno de sus deseos diarios: ir al parque a jugar con sus pequeños amigos de clase. Ruth experimentaba en esa actividad diaria el escape perfecto de su inquietante vida, llena de muchas preguntas sin respuestas. Su cara inocente revelaba a sus ocho años la angustia de vivir con un padre exigente que, por la naturaleza de su trabajo, volaba como las águilas de un país a otro, y con una hermosa madre que almacenaba, los sinsabores del matrimonio en su corazón.

Hacía ya diez años, los abuelos de Ruth habían enfermado. En el pasado, en su afán por dejar a su única hija protegida, y como es la costumbre de la mayoría de los pueblos del Medio Oriente, arreglaron su matrimonio con un hombre diecisiete años mayor que ella, miembro de una familia de clase media alta en Teherán. En sus años mozos, Omar era un adolescente atrevido y perspicaz, con un estilo de vestir occidental, y un alborotado afro que sobresalía sobre el resto de su musculoso cuerpo. Aún en tiempos de guerra, él era la sensación entre las bellas damas de su vecindario, quienes buscaban ansiosas la oportunidad para hablar y compartir con él. Omar tenía una familia numerosa, y sus hermanos eran prestigiosos profesionales de la sociedad, pero él era el consentido de su madre, quien lo protegía con especial ahínco, tal vez porque las madres tienen un instinto sobrenatural para cuidar a los hijos que les sorprenden con sus ocurrencias, necedades e incluso morbosidades. Posiblemente, en su interior, su progenitora reconocía que él era el reflejo de su propia existencia, de caprichos, banalidades y pecados.

Cuando tenía veinte años, Omar viajó a España, huyendo de sus responsabilidades como reservista del ejército. Una vez estalló la guerra entre Irán e Irak, pueblos hermanos agredidos mutuamente por malentendidos foráneos. El padre de Omar, un mercader reconocido en la zona decidió enviar a su hijo a estudiar al extranjero, presintiendo que iba a verlo engrosar las filas del ejército. Su hijo mayor había hecho ya parte de la guardia del rey y, como consecuencia, toda la familia tuvo que someterse a un estricto seguimiento de inteligencia militar. La persecución por los cambios políticos y militares había sido tan intensa en estos últimos años que, ante el miedo inminente de que algo le sucediera a su vástago menor, el padre de Omar lo instó a salir del país y a radicarse en el exterior. Omar tendría entonces el propósito de estudiar en una universidad y buscar un futuro diferente al de las balas.

Para ese entonces, España era un país reconocido, próspero y maravilloso donde los hombres reían con el desparpajo de la libertad. Las charlas comunes entre sus habitantes parecían riñas por el sonido estridente de su voz, y sus cuerpos expresaban los acuerdos y desacuerdos de manera inconsciente, sin mayores pretensiones, dejando el corazón en cada opinión, en cada movimiento. Las costumbres de este país mediterráneo obnubilaron la conciencia de Omar, un pequeño buscador de sensaciones fuertes. Otros iraníes, conocidos y desconocidos, llegaron al mismo país con el propósito de alejarse de la guerra, ya que también eran reservistas del ejército de Irán. Gracias a su condición social privilegiada, Farhad, Puya, Reza, y Omar lo único que deseaban era saciar su instinto de libertad. Invertían en promedio 18 horas diarias para divertirse en fiestas alocadas, en las que el alcohol era leitmotiv. Las horas restantes las usaban para responder a la exigente vida universitaria. Sus padres buscaban respuesta al inentendible silencio de sus hijos, sin embargo, a ellos no les interesaba que sus madres desesperadas conocieran su paradero. Todos portaban una cadena en sus cuellos con sus nombres grabados, que los identificaba como reservistas del glorioso ejército de su país.

—Hemos llamado al hotel, pero nunca se encuentran —se quejaba la madre de Omar—, ¿En dónde voy a encontrar a este muchacho? ¿Estará bien?

—¡¿Cómo que sí estará bien?! ¡Claro que sí! Él debe estar gastando el dinero en fiestas, porque su madre no le enseñó a hacer nada más —replicaba su enfurecido padre.

Los años pasaron y Omar, quien apenas asistía a la universidad, supo, con sorpresa, que la guerra había empeorado en su país. Adicionalmente, su familia ya no podía seguir financiando su vida de holgazán y mujeriego. Así, tres años después de su estadía en España y sin haber terminado el segundo año de economía, Omar tuvo que volver a su amada Teherán. Entre llanto y felicidad, le preocupaba regresar con las manos vacías, y tener que enfrentarse a una sociedad polarizada por la guerra y por las reglas radicales islámicas. Sin embargo, lo motivaba volver a su casa después de tanto tiempo y ver a su madre, quien soportaba sus aciertos y desaciertos.

Tras su regreso, Omar fue inevitablemente convocado por el ejército. Un día, abruptamente, se vio vestido con el color verde oliva de su uniforme; fue asignado a resguardar los límites entre Irán e Irak, en donde se llevaba a cabo la más cruel de las guerras modernas por el dominio del terreno y, con él, sus riquezas: el petróleo. Omar llegó a ese frente a oler toda la miseria humana, a relamerse sus miedos. Sus compañeros de batalla le dieron la bienvenida entregándole su arma, un espacio para dormir y una cantimplora para llevar el agua.

Todos los pueblos, alrededor de Kurdistán, donde también habían vivido sus familiares, habían desaparecido. El olor a muerto de miles de personas víctimas de las bombas, se percibía en el ambiente. Fue imposible obviar tanto dolor junto; los pueblos que otrora eran prósperos se habían convertido en destrozos. Piernas y otras partes del cuerpo abundaban en las calles, como un signo de la sangre derramada. Los hombres mutilados daban alaridos que quedaban retumbantes en los oídos de los soldados. Los hospitales no daban abasto y los pacientes morían, la mayoría de las veces por falta de sangre o atención oportuna, en una agonía perpetua. La guerra los alcanzó a todos, sin distinguir género, edad o incluso especie, a niños que estaban jugando, inocentes de la maldad intrínseca del corazón de los humanos, a animales que corrían aterrados ante el sonido de las metralletas, buscando un refugio sin consuelo; aun así, la velocidad de las balas era más rápida que su despaciosa carrera.

Omar recordaba, noche tras noche, su bella experiencia en España era la única forma de atenuar su rabia en tiempos de sirenas, de gritos y de lamentos. Las noches de lluvia o calor en el campo de lucha, se convertían en largas horas de ansiedad mientras esperaban al enemigo que acechaba a cada instante. Aunque había hecho un año de servicio militar obligatorio, los más de tres años transcurridos hicieron que muchas habilidades aprendidas en el campo hubiesen sido eventualmente olvidadas, así que Omar enfrentó duras dificultades que le permitían volver a activar su artillería mental, y estar listo cuando tuviera que dar la batalla por su país, por sus valores y por su gente. Al menos, así era como él justificaba su lucha en el frente de batalla.

Después de unos meses de estar en las trincheras de la guerra, Omar fue trasladado a su ciudad natal para soportar el combate contra las fuerzas enemigas que intentaban invadir la zona. Tuvieron que reforzar el frente con más soldados, todos muy jóvenes y de precaria experiencia para luchar contra el adversario. El paso por ese lugar fue catastrófico. Vio desolación y desesperanza en sus habitantes; hombres, mujeres, niños y animales corrían sin futuro. El enemigo era poderoso, contaba con mucho más material bélico, con más poder de persuasión y con más entrenamiento en inteligencia y táctica militar; Omar y sus compañeros hacían lo que podían para defenderse del detractor feroz y malvado. Esta pelea, que no les pertenecía, había traído como consecuencia adicional el aplazamiento del futuro, de sus sueños, de su ambición por ser grandes algún día. No obstante, debían pelear por su dignidad, por su patria. Escondido en las trincheras de Halabja localidad kurdo iraquí, Omar hacía lo mejor por salvaguardar su vida y la de sus compañeros.

Había llegado dos días antes a la ciudad y el combate se complicaba. Mientras hacía su rutina de vigilancia, observaba, a través de los vidrios, las tiendas abiertas que atendían a los clientes que aún no habían huido ante el devastador espectáculo que dejaba la guerra a su paso. Era una mañana gris, el sol no había hecho su arribo. Muy por el contrario, una lluvia pertinaz hacía presencia en el lugar con sus primeros bosquejos. Unos pocos moradores dedicaban su atribulada existencia a esconder su frágil humanidad. La mayoría de sus habitantes, testarudamente, desconocía las consecuencias del conflicto armado y deseaba vivir una vida normal, los niños jugaban y sus risas inocentes invadían el lugar, las mujeres trataban de desocupar las tiendas de ropa y de joyas, como si en su interior hubieran percibido que la parca estaba acercándose sin reparo alguno.

Los comerciantes aprovechaban esas circunstancias para llenar sus bolsillos, mientras afuera se debatía la vida de miles de seres. Las tanquetas del ejército merodeaban la zona y parecía que aquel sería un día como cualquier otro cuando, abruptamente, una bomba estalló en la calle más comercial y habitada del pueblo produciendo una oleada de polvo. Un ensordecedor sonido penetró el lugar. Omar volteó a mirar, pero no encontró el famoso y célebre edificio, sitio de encuentro habitual de la población para tomar té, ir al cine o simplemente despojar su existencia del cansancio que dejaba su dura rutina diaria. Su destrucción se produjo en segundos, y el gigantesco cráter ocasionado sirvió de sepultura a cientos de personas en un instante.

Omar caminaba y lloraba, ni siquiera percibía las pequeñas heridas de vidrio en su cabeza y en su cara, su padecimiento emocional era más fuerte, su cuerpo adolorido por el rugir de las balas, se atrincheraba tratando de escapar de la tragedia. Esta experiencia mórbida y rapaz lo había dejado enajenado, ya no sería el Omar feliz de la rumba y las reuniones sociales, ya no volaría persiguiendo sus sueños de la misma manera. El lamentable espectáculo de cadáveres cercenados lo traumatizaron tanto que ese sentimiento de indefensión y agresión lo acompañaría por el resto de su vida.

Su siguiente faena fue él reconocimiento de los soldados muertos, quienes portaban un collar similar que él llevaba desde sus días en España. Esta vez, Omar no se sentía orgulloso de portarlo; el dolor y la angustia no le permitían notar que estaba vivo. A lo lejos, avistó un objeto que brillaba, y sintió nauseas al presentir lo que vería en el lugar de los escombros. El frío invadió su cuerpo, caminó siguiendo el reflejo de la pequeña luz. Se agachó a recogerlo y leyó con temor el nombre que tenía grabado: Reza Arzuyan. Era el collar de su amigo de la infancia, de su hermano, con quien había viajado para realizar sus estudios en España;

el único que había terminado su carrera de ingeniero, con honores, en el claustro educativo.

Omar se desplomó y recordó, en medio de las ráfagas y con lágrimas en sus ojos, los días en que Reza los reprendía porque todas las noches, en lugar de estudiar, según él perdían el tiempo en fiestas, risas y frivolidades, salían con bellas mujeres que anhelaban probablemente su dinero. También trajo a su memoria los consejos que Reza le daba para que cambiara su recio carácter, ya que lo imposibilitaba amar genuinamente. Entonces, Omar reflexionaba: «¿Para qué? ¿Para qué comportarse decentemente? Reza era un ser bueno y solidario. Y, ¿para qué?».

Como pudo, Omar se levantó del lugar, adolorido y sin poder asimilar que no había encontrado el cadáver de su amigo. Tenía que avisarle a su familia. Lo inundó un sentimiento de profunda indefensión, pues no sabía que su amigo estaba también en el campo de batalla, ya que su padre, médico prominente en Irán, había prometido hablar incluso con el presidente para evitar el enlistamiento. Pero la guerra se complicó y el ejército tuvo que valerse de todos los reservistas menores de 30 años, sin importar su clase social, profesión o parentesco. Contra todo pronóstico, su amigo había sido el último del vecindario en abandonar su casa.

Omar continuó buscando fallidamente el cadáver de Reza. Caminó horas como un ser trastornado que había perdido su conciencia y la razón. En su intensa frustración, vociferaba palabras inentendibles. Buscó a su amigo como quien busca una aguja en un pajar, pero todos sus intentos fallaron. Sus compañeros trataron de consolarlo y le recordaron que Reza podría haber estado patrullando en esa calle comercial a la hora de la tragedia. Era una de las víctimas de la explosión que sepultó centenares de vidas, y su cadena probablemente había volado, de manera sobrenatural, para que sus seres queridos se enteraran de su muerte y el final de su destino. Omar no se separó jamás del collar que permitió declarar muerto a Reza, y aunque su padre le insistía que se lo devolviera, Omar, se sentía merecedor de poseerlo.

La guerra entre Irán e Irak tuvo un enorme costo social, las vidas perdidas en los dos países eran incalculables: más de un millón de soldados de ambos bandos murieron, 60 por ciento de ellos iraníes. La sevicia que se usó en los frentes fue comparada con la de la primera guerra mundial. Tras el conflicto bélico, la condición social de los dos países era lamentable, y sus sobrevivientes, que se habían escondido en trincheras y sitios improvisados huyeron. En sus rostros expresaban la tragedia que había destrozado sus corazones, pero con un admirable coraje salieron a buscar agua, comida y a sus seres queridos; a sanar las heridas dejadas en el corazón y grabadas para siempre en su existencia; a curar los mutilados, que ya estaban imposibilitados para trabajar, para continuar viviendo. Entre los miles de desempleados que planeaban cómo rebuscarse el sustento se encontraba Omar, quien tuvo que reinventarse, luchar contra la adversidad y asumir con valentía su profundo dolor.

Su padre lo instó a hacer parte de su negocio. Sin pensarlo dos veces, y en un intento por alejarse de su reciente y macabra experiencia de guerra, Omar ingresó en el mundo de la mercadería. Tuvo que viajar a países como Rusia, Afganistán y Paquistán, negociando toda clase de enseres que eran transportados en trenes que la Unión Soviética vendía a sus incautos vecinos. Eran tan destartalados y viejos estos convoyes que su velocidad blindaba de paciencia a sus ocupantes, quienes utilizaban ese tedioso tiempo para analizar toda serie de problemas y proyectos mientras divisaban el paisaje frío y tenue que se arraigaba en su ser y producía un sentimiento de frustración y desesperanza, muy de vez en cuando podrían ver una golondrina desplazarse a través del bullicioso aparato, el hielo caía apresurado invadiendo cada espacio convirtiendo las otrora verdes llanuras, en un tapete blanco bien delineado que era roto solamente por las huellas de osos y coyotes que caminaban alrededor sin percatarse de que los intrusos del tren los estaban observando; los hombres trataban de leer y desplazar su imaginación a un lugar más piadoso, mientras escuchaban el ruido retumbante de los motores que gemían insistentemente por falta de aceite.

Omar no tenía otra cosa en que ocupar su tiempo y aprovechaba las largas horas de viaje para hacer una catarsis que serviría para extirpar los padecimientos internos, las rabias, temores y rencores que abarrotaban sus entrañas. Finalmente, después de tres o cuatro meses, la gente, la comida, la ropa y los ruidosos motores llegaban a su destino, trayendo consigo felicidad a los pobladores de esos remotos lugares, que esperaban, como *El coronel no tiene quien le escriba*, las cartas de amores perdidos; la esperanza que los hacía sonreír pese al infortunio de sus destinos. Atrás habían quedado los años de juerga en España y de guerra de Omar.

Los años pasan inapelablemente y queda una deuda, difícil de pagar cuando se han perdido momentos valiosos que se reconocen al pasar los treinta. Esa es una ley de vida, ya que queriendo ser sabios nos volvemos tontos. Omar no era la excepción, las consecuencias de su paso por el frente de guerra fueron graves: debido a su estrés postraumático, nunca volvió a usar su cama para dormir en las noches, ya que temía ser alcanzado por las balas del enemigo; trataba de hacerlo acuclillado en un rincón de su habitación, murmurando canciones de guerra, con una delgada manta sobre su cuerpo perturbado, tiritando de frío. Cuando lograba conciliar medianamente el sueño, tenía pesadillas en las que deambulaba las calles de Kermanshah y sus familiares corrían en medio de las balas, mientras le pedían con voz desesperada que los rescatara.

A veces hablaba con Reza, quien le reclamaba por su mal comportamiento, o porque no cambiaba ese temperamento rabioso que le impediría ser feliz por el resto de su vida. Fue tan grave su stress postraumático que Omar se convirtió en un ser introvertido y un tanto agresivo. A medida que pasaba el tiempo, la vida en Irán también continuaba, y el país volvía a ser amistoso, fresco y jovial. En un intento por reincorporar a su hijo a la vida normal, la madre de Omar inventaba reuniones en su casa, como quiera que ella era consciente de que su comportamiento era diferente desde su llegada del frente de batalla.

En uno de esos festivos y muy renombrados encuentros, Omar conoció a los padres de quien sería su esposa años más tarde. Se trataba de unos seres humanos invaluables, con una capacidad de servicio que solamente los escogidos del cielo pueden ofrecer, con una humildad propia de entes sobrenaturales y, además, tenían una hija que brillaba en cada escenario por su belleza excepcional. Nasrin era sin duda la niña de sus ojos, en quien pusieron toda su esperanza. Los días del bello Irán estaban adornados con el sonido de sus vientos, que, además refrescaban el cuerpo de sus amados hijos. Inspirados, respiraban el aire apabullante que provenía desde las playas de sus hermosos ríos y lagos, de sus montañas enmarcadas en un verde exageradamente hermoso que habla al oído a sus musas y las insta a danzar los aires folclóricos iraníes, con tanto desparpajo, que sus hombres caen arrodillados ante sus pies para hacer de ellas sus princesas. Las mujeres iraníes son féminas voluptuosas, bellas, tiernas y sensibles, que irradian paz, que no se dejan rebasar por las circunstancias de la vida diaria.

Las generosas familias iraníes, sociables como pocas, invitaban a propios y extraños a compartir el té en sus casas. Esa bebida amarillo oro, con ligero regusto acre, cuyo aroma combina el de las semillas de cardamomo con la fragancia floral del azahar, se hace imprescindible a la hora de departir, de amar y de soñar. En los hogares, ataviados con alfombras especialmente fabricadas por las manos de artesanos que demoran hasta un año en su elaboración y muchos cojines, el té es el invitado de honor. Lo acompaña en su reinado una cesta de frutas que representa la prosperidad y la amistad.

Fue allí, en ese especial y ameno lugar, en donde Omar conoció a Nasrin. Desde que la vio, quedó maravillado con sus ojos acaramelados, que invitaban a la paz y, paradójicamente, a la perdición. Tan impactante era su belleza que Omar se arrepintió de haberla conocido, porque su vida sufrió un cambio: los tiempos de lujuria y placer quedaron en el olvido. Su meta era cautivar a la niña que le había robado el corazón y proyectar su vida con ella. Omar nunca manifestó sus sentimientos hacia este ser sencillamente hermoso, por miedo a ser rechazado por los padres de ella, debido a su edad. Preparaba cada día un discurso para decodificar esa información que únicamente su corazón conocía, pero que no estaba dispuesto a revelar.

Lloraba en las noches de desvelo, cuando todavía dormía en un rincón de su habitación, temeroso de que los intrusos invadieran el lugar y robaran los sueños que había logrado acaparar. Una tarde, en el cumpleaños de uno de sus mejores amigos, Omar se encontró con los padres de Nasrin; se rumoraba que ambos estaban sufriendo una tragedia, pues Amir, su padre, tenía cáncer, y Neda, su madre, padecía una diabetes mórbida agresiva, resistente a cualquier tipo de tratamiento que, después de un largo período de tiempo, le produjo leucemia. Ellos lamentaban profundamente la suerte de la bella niña, pues se quedaría sola y sin consuelo, con un futuro incierto.

El desorden postraumático que Omar llevaría hasta el fin de sus días modificó su comportamiento y su personalidad. Sin embargo, Omar se rehusaba a reconocer sus abruptos cambios de temperamento, su actitud y su forma de sentir. En ocasiones, la rabia se apoderaba de él; sus reacciones eran violentas ante cualquier cosa, por insignificante que pareciera. Su madre lo instaba a que buscara tratamiento psicológico, pero Omar nunca le hizo caso. Su estado de catarsis quizás lo ayudó a conseguir más confianza en sí mismo, porque Omar, como el hombre sagaz y vivaracho que solía ser, como el que devoraba el mundo, encontró en esta tragedia la mejor de las oportunidades para conseguir a su amada princesa, a la musa de su inspiración, a la bella criatura que era dueña de su respiración.

Omar se camufló entre los amigos de la familia, se solidarizó con la atribulada pareja y les ofreció sus servicios. Ese día, usaba un traje blanco fabricado por su propia madre, quien buscaba satisfacer los deseos varoniles yególatras de su vástago. Así, tal vez Omar lograría aplacar su negra conciencia e ignorar sus instintos carnales, que lo catapultaban como un ser lujurioso, malcriado y bravucón. Cuando visitó a la familia de Nasrin, Omar pronunció un discurso tan convincente que los padres de la niña lo único que vieron en él fue un apuesto y acomodado caballero, el candidato especial para ser el esposo de su hija. Probablemente buscaban a un hombre que hiciera las veces de esposo y padre, y su edad no fue una barrera. Por el contrario, fue uno de los factores determinantes a la hora de su inapelable decisión. Nasrin, la niña de largas pestañas que exaltaban su profunda mirada y de pelo frondoso azabache que llegaba hasta su diminuta cintura, se casaría con un hombre al que no habría tenido la oportunidad de conocer, y al que, por su edad, no era capaz de mirar a los ojos por miedo a irrespetarlo.

—¿Sabías que nos vamos a casar? —susurró tímidamente Omar, una vez se había aproximado lo suficiente a Nasrin. Esperaba ansiosamente una respuesta.

—No lo sé, señor, es un asunto de mis padres —contestó ella, con una mirada tímida. Yo haré todo lo que ellos digan —añadió, con una sonrisa impuesta por su temor.

El padre de Nasrin murió en el transcurso de los siguientes seis meses. Su madre, debilitada por la enfermedad, se quedó en casa y esperó la muerte en soledad. Omar, acompañado por su alcahueta madre que todo lo aprobaba, llevó al altar a la débil y confundida niña, que solamente esperaba tener un hogar y una familia cuyo afecto le ofreciera seguridad y consuelo. Las mujeres en las repúblicas islámicas deben usar en sus cabellos un velo llamado hiyab, una pañoleta que permite cubrirse la cabeza. Ellas solo tienen autorización de exponer su frondosa melena a sus maridos cuando están en sus hogares. Públicamente, la ley prohíbe que la mujer lleve su pelo expuesto, debido a las bajas pasiones que causa la sensualidad de unos bellos y brillantes rizos.

Ya que Omar solamente había visto a la pequeña y débil princesa con su hiyab, cuál sería su sorpresa cuando, en la noche de bodas, Nasrin, desveló toda su belleza, al despojarse de esa prenda. Omar quedó anonadado con la ondulada y abundante cabellera negra que cubría toda su espalda. Para Omar, Nasrin era la princesa de su vida, como un sueño del que podría despertarse en cualquier momento y del que no se sentía digno de vivir. Gracias a ella, Omar volvió temerosamente a dormir en su cama; pensaba que, al final de su atribulado destino, había encontrado un ser maravilloso que estaría con él y que protegería su ya complicada humanidad.

A pesar de todo, Nasrin no entendía lo que estaba viviendo, soportando a un hombre al que no correspondía pero que la amaba y protegía. Temía por su futuro, porque al rechazarlo, su estabilidad corría el riesgo de desaparecer. Se lamentaba en las noches en que Omar dormía plácidamente a su lado. «¡Esto no es un sueño!» susurraba, mientras lloraba en silencio y pedía a gritos a su conciencia que se adaptara al nuevo estado para poder amarlo como él la amaba, cosa que no pudo hacer jamás. Dicen que el tiempo se encarga de cicatrizar las heridas. Nasrin, al menos pudo adaptarse a su nueva condición de esposa. Omar le ofrecía todo y la trataba como a una reina, aunque tenía momentos en que su agresividad la asustaba. Él ocupaba la mayoría de su vida en sus negocios, lo que le implicaba dejar a su bella compañera sola por largos períodos de tiempo. Mientras él viajaba a Europa del este, Nasrin aprovechaba para disfrutar de la compañía de sus amigas y trabajar en los quehaceres de su hogar. En ocasiones intentaba engañar a la soledad, y se cambiaba de vestido dos o tres veces al día. Su espejo era su fiel compañero; hablaba con él, peleaba con él, pero lo extrañaba y volvía a él una y otra vez.

De un tiempo para acá, Omar cambió su carácter. Ya no era el loco enamorado del espantoso afro que pretendía ser emocionalmente estable, sino un suspicaz, celoso y agresivo lenguaraz. Sabía que dejar sola a esa bella mujer, por tanto tiempo, era muy arriesgado, y sus inseguridades salieron a flote. Cuando estaba en casa, profería toda serie de improperios contra Nasrin, producto de los temores que invadían su triste humanidad. Para Nasrin, sus largas noches se volvieron una tortura que padecería hasta el fin de sus días; sus pesadillas eran más frecuentes, aunque también soñaba con viajar a otros mundos, conocer gente diferente a la de su amada Irán, devorarse las pasarelas en París. Ella anhelaba libertad. La obsesión enfermiza de Omar por ella excedía todos los extremos tolerables: no le permitía respirar si él no lo sabía y lo autorizaba. Ella se sentía asfixiada, quería volar como las águilas, pero siempre había una mano que le cortaba las alas.

Así pasaron unos pocos años, un día Nasrin notó que su vientre se ensanchaba. Aprovechando la ausencia del temible Omar, corrió a ver a su médico, quien confirmó sus sospechas: ¡estaba embarazada! ella sentía en su pecho una fuerza que le apretujaba los sentidos y no le permitía descansar, creía que estaba muerta en vida. Nunca se había imaginado en ese estado, nunca había deseado tener un hijo a los dieciocho años, cuando sus sueños eran volar muy alto… Pero la realidad era otra y no tenía más remedio que aceptarla. Desolada, se sumergió en una depresión profunda. Golpeaba su almohada y otros objetos apelando por justicia. Pese a su acostumbrada soledad, Nasrin solía hablar siempre con sus amigos imaginarios, ahora estaba sumida en un pasmoso silencio. Parecía haberlos olvidado, no quería contar sus padecimientos, no sentía energía para dar una batalla que estaba perdida desde siempre y para siempre.

Adaptarse a ser madre y lidiar con una criatura que no estaba en sus planes la mortificaba día y noche, tanto que pensó en deshacerse de su embarazo, pero no tenía a un cómplice que apoyara sus locas intenciones. Además, creía en valores como el amor a la vida, la honradez y la lealtad, que habían sido infundidos por sus padres. La culpa que le generaban sus malos pensamientos la hacían sentir sucia, fea. Quitarse la vida era la solución a sus enormes males, pero sabía que no tenía el suficiente valor para llevar a cabo ese propósito. Entonces, lamiendo sus miedos y ascos, se adaptó a su nuevo estado sin mediar palabra. Cuando Omar regresó a casa, se encontró con la noticia que esperaba en sus sueños. Era por fin la sorpresa que cambiaría el rumbo de su vida. Omar corría por las calles del vecindario, alertando a extraños y allegados con su felicidad. «¡Mi hijo está por llegar al mundo!», gritaba. Emocionado, hizo una costosa fiesta para honrar a su hermosa Nasrin y a su nuevo retoño. Su casa se llenó de flores procedentes de su numerosa familia. En cambio, Nasrin solo pretendía ser feliz con su nuevo estado.

Tal sería la soberbia de Omar que nunca le preguntó a su amada cómo se sentía, que necesitaba, qué comería o cómo se vestiría. Lo único que le importaba era mostrarla como un trofeo. No escatimaba en gastos, compraba todo tipo de ropa para su amada, aun sin preguntar si a ella le gustaba. Todo era impuesto y a su estilo. Ella nunca opinaba, nunca decidía, nunca vivía... Nasrin nunca volvió a pronunciar palabra respecto a su relación con este singular ser que le tocó por esposo. En silencio se preguntaba una y otra vez el porqué del extraño amor de ese hombre, cuya obsesión enfermiza rompía los límites de la cordura. Omar era un hombre necesitado de afecto, un hombre al que la guerra le había quitado el derecho a vivir, a amar, a construir o a pensar, y cuyas pretensiones eran simples: demostrar que exitoso era en los negocios, que tenía como esposa a una de las más bellas mujeres de Teherán y que su matrimonio era feliz y estable.

Unos meses después, llegó al hogar de Omar y Nasrin la más hermosa de las niñas: Ruth. Pese a que era preciosa como su madre, Nasrin no cambió su tristeza, que llevaba en sus entrañas como un hierro adherido a su existencia. Continuó llorando noches enteras. Mientras su hija dormía, ella la hacía a un lado. Ni siquiera quiso enterarse del color de los grandes y arqueados ojos de su hermosa hija cuando nació. Omar contrató a una empleada para que exclusivamente cuidara de su hija, y ella era quien le recordaba a Nasrin que debía alimentar al bebé. Ella lo hacía a regañadientes, esperaba a que la niña olfateara y buscara su seno, como un cachorro buscando la ubre de su madre. Fueron días muy duros para Nasrin; la oscuridad de su habitación la acompañaba, y únicamente mediante un angustioso llanto lograba conciliar el sueño. Ruth, como si hubiera vaticinado el duro destino de su progenitora, se empecinaba en no llorar, o lo hacía solamente en momentos de extrema necesidad, tal vez porque sabía que su madre no estaba muy contenta con su presencia.

Y así creció la hermosa Ruth. Había sentido la frialdad de su madre que, aunque procuraba reivindicar sus acciones con sus atenciones diarias, nunca podría brindarle a su hija el amor de madre que merecía. Fue en su despedida en el aeropuerto, cuando la niña salía del país a vivir con su padre, después de que su madre le cediera voluntariamente la custodia a Omar, que percibió que su progenitora estaba adolorida, impedida para amar y envuelta en un sinfín de traumas que la hacían lejana e introvertida, tanto que ni llorar podía, porque quería tragarse su dolor y masticarlo hasta la saciedad, sin permitir que nadie entrara en su vida, la que guardaba como un valioso tesoro.

—Mami, tanto han cambiado las cosas desde mi nacimiento… ¿Cierto? — Expresó Ruth con ternura, trayendo a la Felina al presente—. También en tu vida y en la de papá han cambiado muchas cosas. Ya hablábamos de lo bello que es mi país, pero también quisiera que describieras un poco a Colombia, tu tierra natal, y quisiera escuchar cómo conociste a mi papá. ¿Cómo fue su historia de amor?

La Felina la observó con ternura y se dispuso a describir los apartes más interesantes de su vida. Esta vez, viajaron miles de kilómetros y atravesaron una extensión enorme de territorios para llegar a su amado terruño, que un día abandonó, se llenó de nostalgia, y sintió el dolor del desarraigo.

# Capítulo 3. Una historia de amor

A pasos gigantes crecía la pequeña y preciosa niña en Teherán. Jugaba y peleaba con sus amigos imaginarios, mientras en Colombia, una tierra remota de la que ella no tenía idea, una pareja de profesionales luchaba día a día para lograr sus sueños de tener una familia. Ella, trabajadora de una empresa multinacional de salud, viajaba por todo el país auditando médicos y enfermeras. Él, fisioterapeuta, disfrutaba los días ayudando a niños especiales o a las personas de la tercera edad, músicos empíricos y soñadores incansables. Los médicos habían diagnosticado de manera concluyente que la reproducción de un ser vivo en el vientre de la esposa era imposible, como quiera que sus trompas de Falopio no eran suficientemente permeables para permitirle al óvulo su movilización natural y en consecuencia anidar vida en su útero. Ambos continuaban su lucha, con la esperanza de que algún día podrían abrazar una criatura como la que Nasrin se empecinaba en rechazar.

A mediados de los años ochenta, la Felina aún disfrutaba de los amaneceres rebosantes de luz en su país de origen. Eran tiempos en los que la Felina irradiaba alegría, por su prominente belleza y por su hábito imperecedero de soñar hasta el cansancio con un mundo mejor y más justo. En uno de esos días de calor intenso, en que la brisa de la tarde golpeaba los árboles de mango que adornaban el lugar, la Felina esperaba a un amigo, quien compartiría el gusto y la afición por el bossa-nova. Eran estas ocasiones y este tipo de música lo que embriagaba las noches de esperanza y de felicidad de su pequeña humanidad. El sol inclemente amenazaba con quemar todo cuanto veía a su paso, más de un momento a otro empezó a llover, la tarde se convirtió en un intenso fluir de autos y calados transeúntes. La lluvia dejaba a su paso una humareda como resultado del polvo que se levantaba inundando el lugar de un olor apacible a tierra húmeda.

Todo quedaba grabado en la memoria sensorial de la Felina, recordaba, sabores, olores y texturas, como un registro perpetuo de lugares y espacios. Ella traería a su memoria los movimientos de los árboles que, como en una orquesta sinfónica, producían un sonido que solo los enamorados entienden. Los pájaros hacían la segunda voz al sonido de la naturaleza, y un perro de la calle ladraba y buscaba a su amo quien desesperadamente rogaba a los caminantes por comida. En estos momentos especiales, la Felina desplegaba toda su creatividad para producir canciones e ideas acerca de su frustración, que incluso la distraían de sus obsesivos pensamientos. Meses atrás, ella tuvo una experiencia que no logró entender jamás. Mientras se desplazaba en bus al conservatorio de la ciudad donde vivía, vio a un hombre vestido de manera diferente, parado en una de las esquinas del barrio donde, noche a noche, se exponía la belleza de los jóvenes de moda. Aunque fue la primera vez que lo vio, ella sintió que había estado con él por toda su existencia. Era una sensación extraña, diferente, al pensar en él; su figura había quedado grabada en su inconsciente, como una película inamovible que volvería repetidamente a su mente y penetraría en sus entrañas, cambiando su vida por siempre.

Salió de su ensimismamiento y caminó unas cuadras para llegar a su destino final, aunque todavía con locas reflexiones por la figura de aquel hombre que la hizo reaccionar. Arribó al conservatorio y encontró a los miembros de su grupo musical afinando las guitarras, y al director, José, preparando las melodías, la mayoría de ellas de su autoría. Además de dirigir su grupo, José también pertenecía al mismo comité de inteligencia de la guerrilla en el que la Felina trabajó casi por media década. Al entrar al sitio del ensayo, la Felina se llevó una increíble sorpresa porque el hombre que ella había visto, tan solo unos minutos atrás, estaba allí tocando magistralmente la guitarra. Sin que ella fuera consciente, él había cambiado por siempre el rumbo de su vida.

—¿Quién es él? —preguntó la Felina al director.

—Hola, Felina. Él es el nuevo miembro del grupo, es un excelente músico y estoy contento de que esté con nosotros.

—Hola, soy Felina Kennedy, ¿y vos?

Saludó, usando su ya afamado humor mordaz, e intentó esconder realmente esa extraña circunstancia que había rodeado su existencia cuando vio por primera vez a ese particular personaje.

—¿De cuáles Kennedy?, ¿De los Rosales? —respondió Emmanuel, refiriéndose a un pequeño pueblo forajido y sumido en la pobreza de la región, produciendo risas en todo el grupo.

Al parecer, el misterioso hombre no iba a quedarse atrás en el juego, lo que irritó a la Felina, quien, por ser la única mujer de la banda, pretendía disfrutar a sus anchas de la insensatez y la malacrianza ya bien conocidas por los compañeros de música. «¡Qué odioso es!» musitó la Felina.

No obstante, reaccionó inmediatamente: se liberó de sus temores y se integró al ensayo como si este bochornoso incidente nunca hubiera sucedido. Desde ese día, la Felina quedó cautivada por el excéntrico y talentoso músico. La armonía y su interpretación de la guitarra penetraban en sus venas, recorría sus entrañas y la hacía temblar. Era un lenguaje sobrenatural que solo ella podía percibir; era más que técnica, era más que destreza, era algo que no tenía explicación. El tiempo pasaba y la Felina anhelaba el día del ensayo sin darse cuenta. No lo reconocía, ni lo haría jamás, pero la frescura y felicidad que irradiaban sus ojos era evidente.

Algo había cambiado en esa mujer fría, de pensamientos inflexibles, de locura intransigente, de amigos y enemigos, de ternura y de agresión. Nadie hubiera imaginado que esta líder militante de izquierda, que puso en jaque a muchas instituciones, fuera a caer rendida ante los pies de un hombre que no tenía pretensiones ni ínfulas, sin intención de sobresalir, mucho menos de pelear, todo lo contrario, a nuestra protagonista. Pero, «nadie sabe para quién trabaja», reza el adagio popular. La Felina se comprometió en una relación que aguantó, unos cuantos años, muchas pruebas; una de las más duras fue cuando Emmanuel, al terminar la universidad, la invitó a vivir en su ciudad natal, muy lejos de donde estaban en ese momento.

—Casémonos, y terminas tus estudios allí—rogó él, aún con esperanza en su mirada.

—No me quiero ir, ni tampoco casar —respondió la Felina, sin reparos—. En tu condición de profesional y de músico, te espera un futuro prometedor. Yo me quedo aquí, disfrutando el calor de la tierrita, sin esperar nada más que la posteridad que se aproxima a pasos gigantes, avistando las hojas secas sin vida, que reclaman otra oportunidad para dar verde sombra, y gozando de la locura de mis sentidas canciones que paralizan los corazones de mi audiencia.

—Ya no me amas, ¿cierto? —preguntó Emmanuel.

—No, no es que no te ame, siempre te amaré. —y tras un largo suspiro prosiguió—. El problema es que hasta las relaciones más profundas se anquilosan; el inagotable paso del tiempo nos cambia el sentido de las cosas, incluso del amor. No quiero sentirme presa de los compromisos, quiero volar… te dije que quiero ser libre, ¿recuerdas? No trunques tu partida comprometiendo mi vida. Vuela alto, que el cielo es el límite, y no mires atrás. Recuérdame como la mujer que te amó con locura y que te amará hasta la muerte, pero no me indagues, no busques respuestas que no existen. Solo vete.

Con lágrimas en los ojos, Emmanuel comprendió que todo tiene su final, este había llegado cuando ninguno de los dos esperaba. La decisión de la mujer que él había conquistado y amado estaba tomada, a pesar de todo lo vivido. Los otrora sueños en que planeaban estar juntos hasta la muerte eran una utopía. Las risas perpetuas de los cuentos desaliñados y sin sentido de Emmanuel se habían opacado. Él partió, y en su viaje llevó consigo los recuerdos de una mujer que fue su vida y que, de la noche a la mañana, había decidido terminarlo todo. Las canciones de la Felina ya no sonaban de la misma forma que cuando Enmanuel interpretaba magistralmente su guitarra exclusivamente para ella. Enmanuel enamorado, tocaba con tanta dedicación que las cuerdas se solidarizaban con sus apasionados sentimientos amalgamándose en un contubernio único, siendo cómplices poéticos del guitarrista que inundó de amor el corazón de la Felina. Cuando ellos terminaron su largo noviazgo, la guitarra de Emmanuel no lograba acoplarse al estilo nuevo que le producían extraños sitios y sonidos.

Pasaron cuatro años sin que supieran nada el uno del otro. En este lapso, la Felina encontró en un hombre excepcional el consuelo a su soledad. Su nombre era Esteban, aunque a veces, inconscientemente, lo llamaba Enmanuel, pues su presencia aún era evidente. Esteban se enamoró hasta la médula, sin recibir nada a cambio, porque la Felina siempre fue enfática en que, si él quería estar con ella, él debía saber que en su corazón había un espacio exclusivo para Emmanuel. Esteban le prometió que la haría olvidar su pasado, pero el amor que sentía la Felina por su amado exnovio era más fuerte de lo que él pensaba. La Felina siempre tenía algún pretexto para traer a colación sus recuerdos, y obviamente eso incluía a Emmanuel. El tiempo pasaba y la vida de la Felina transcurría como la de una persona normal: procuraba vivir y luchar día tras día.

En un día de abril en que las flores hacen anárquicamente su aparición y los pájaros cantan muy temprano en la madrugada, la Felina llegó a su apartamento antes de las siete de la mañana, después de finalizar su turno en el hospital donde trabajaba, y encontró a Jeremías, su hermano menor, esperándola. Después de esos años de ausencia, Emmanuel la había llamado y le hizo prometer, a Jeremías, que no le diría a ella que él más tarde la llamaría.

—Te han llamado muchas veces, es un hombre que insiste en hablarte, y parece una llamada de larga distancia, porque tuve algunos problemas para entender lo que la persona trataba de decir.

La Felina, que no estaba esperando a ninguna persona, ni muchos menos una llamada telefónica, imaginó que era él. «Ha vuelto», sus pensamientos volaron por un instante a ese sitio especial de su vida en donde con cantatas y poemas había logrado establecer un diálogo interno que solo su eterno compañero de andanzas descifraría algún día.

Acto seguido, se sentó en la silla cerca de su cama y acercó su teléfono, con forma de rana a su corazón. Este había sido un regalo muy preciado de su eterna amiga Pipila, y ella, quizás para sentir su presencia cerca, lo llevaba a todas partes. La Felina no medió palabra, lo único que hizo fue dar un paso atrás en la historia y recordar el momento desde que lo conoció hasta su partida. Se sorprendió al darse cuenta de que no había olvidado nada: sus bellos y blancos dientes, su sonrisa, sus dichos, su forma de comer, de vestir, de amar, de interpretar su guitarra... las lágrimas derramadas mostraban su incompetente valor para afrontar la vida sin él; había llegado el tiempo de reconocer que Emmanuel era el hombre que ella amaba con locura. Todavía extrañaba los días en que, sin pensarlo, entrelazaban sus manos, y andaban sin rumbo por las calles de la ciudad, riendo sin sentido.

—¿De qué nos estamos riendo? —preguntaba frecuentemente la Felina.

—Yo no sé, ¿te molesta? —decía él, sediento de amor.

—No, ¿cómo podría molestarme eso?

—Entonces sigamos riéndonos de la vida, de la oportunidad de estar juntos, de mirar estrellas, de llenar nuestro espacio y de avistar las palomas que vuelan alrededor.

La Felina no estaba segura de cuánto tiempo había pasado desde que tomó el teléfono hasta que recibió la llamada, el timbre la sobresaltó, pero se apresuró a contestar.

—Hola, Gordita. —Emmanuel habló como si se hubieran despedido el día anterior; en medio de una tranquilidad pasmosa, que sentían mutuamente, sin el temor de un próximo encuentro.

—Hola Emmanuel, ¿cómo estás?, ¿qué ha pasado con tu vida? —preguntó ella, ansiosa por oír su voz.

—Todo sigue igual, estoy en un festival de música en la frontera con Brasil... Estaba pensando que, si regreso por ti, ¿te quisieras casar conmigo? Yo podría ir a buscarte. ¿Qué opinas, Gordita?

— ¡Sí! Acepto —respondió la Felina sin dudarlo ni un solo instante.

—¿De verdad? —balbuceaba Emmanuel, todavía sin creerlo—. Estoy feliz de sentirte otra vez; que estés conmigo por el resto de mis días es mi mayor anhelo. Gordita, te amo...

Estaban hablando, cuando de repente, el sonido de la llamada no permitió a la Felina entender lo que él trataba de decirle, porque lo único que escuchaba era su voz entrecortada. Luego sintió cuando la llamada se cortó abruptamente. Sin embargo, siguió pensando en el hombre que había ingresado a sus entrañas y se había arraigado en el fondo de su corazón. La Felina colgó el teléfono y empezó a saltar como si hubiera perdido sus estribos; era el día más feliz de su existencia. Tanta fue su felicidad que no pudo dormir, incluso después de haber trabajado intensamente 12 horas. Por el contrario, inició los planes para contárselo primero a su enamorado novio y después a su madre. La mujer de carácter recio y de decisiones calculadas, llamó a Esteban y lo invitó a cenar esa noche. Como el guitarrista consumado y cantante valioso que era, estudiaba música en la universidad. En el lugar de encuentro, Mozart sonaba, ambientando a los comensales. Allí llegó Esteban, quien presentía que la cena no presagiaba cosas buenas.

—Hola, nena, quiero saber cuál es el motivo de esta cita —dijo ansiosamente al momento de ver a la Felina aproximarse a la mesa—. Puede ser que por fin...

—Me voy a casar —interrumpió ella.

—¿Es eso cierto, mi amor? —Esteban esbozó una sonrisa—. ¿Decidiste que nos casemos?

—No, me caso con Emmanuel —replicó la Felina, sin una pizca de consideración, aparentemente. Esteban palideció, su semblante cambió y enmudeció.

—¿Desean tomar el vino de la casa? —ofreció el mesero, sin advertir la tensión en el ambiente.

—No, tráigame el mejor cianuro, por favor —respondió Esteban, dejando sin palabras al mesero, quien recurrió a la Felina en busca de ayuda.

—Gracias. Lo llamaremos cuando estemos listos para pedir la carta. —La Felina lo miró con un gesto amigable y agregó: Esteban, quise hablarte sinceramente porque no quiero andar con rodeos o mentiras. ¿Recuerdas cuando nos conocimos? Te dije que bajo tu responsabilidad iba a salir con vos, y vos aceptaste, porque sabías lo que sentía por Emmanuel. Lo lamento, hice mi mejor esfuerzo, pero no pudo ser. —dijo, intentando calmarlo—. Ahora me voy, mañana salgo para Estados Unidos. Esta será la última vez que nos veamos.

—Salgamos de aquí, no tengo apetito. —Fue lo único que pudo articular Esteban tras la funesta noticia.

Se levantaron de la mesa y deambularon por las calles sin musitar palabra, hasta que llegaron al apartamento de la Felina. Esteban se despidió con un adiós sincero. Ella, con la voz entrecortada, le dijo:

—Siempre estarás en mi corazón.

Por un momento, la Felina esperó una réplica, o en últimas una súplica, por parte de Esteban quien se había ensimismado en un prologando silencio. Fue muy duro espetarle sus intenciones, cuando él había hecho todo su esfuerzo por hacerla feliz, su destino era vivir con Emmanuel por el resto de sus días.

—Espero que algún día comprendas que esta dura experiencia fue lo mejor que nos pasó. ¿Te imaginas si nos hubiéramos casado y después esto hubiera sucedido?

Esteban sonrió y partió.

Al día siguiente, la Felina visitó a su madre, que nunca había querido más que a Emmanuel como prometido de su hija.

—Siéntate mamá, tenemos que hablar. —dijo la Felina muy seria, ya que pretendía con su discurso convencerla de que lo que decía era verdad.

—¿Hablar?, ¿hablar de qué? — contestó su madre, imaginando lo peor. —No me vengas a decir que...

—Sí mamá, tienes razón. Me voy a casar. Y estoy feliz, mami.

—¡Sobre mi cadáver! ¿Te volviste loca? ¿Qué vas a hacer con un hombre como ese? Se la pasa de fiesta en fiesta, ¡no trabaja!

Para su madre, los músicos no eran profesionales. En el pasado había expresado su desacuerdo con el nuevo novio de su hija, comparándolo con Emmanuel, a quien le tenía mucho cariño, y a quien esperaba ver de nuevo, algún día, junto a su hija. Enrique, a quien la Felina había apodado como Quique, se dio cuenta del juego. Entonces intervino diciendo:

—Hermana, deberías decirle la verdad.

—¿Cuál es la verdad?, ¿es que hay más?, ¿estás embarazada? —preguntaba su madre frenéticamente—. ¡Ay! ¿Qué vamos a hacer?

—Mamá, eres tan exagerada, montaste una película en un minuto —acotó la Felina, sorprendida por la reacción de su madre—. No, mamá, me voy a casar con Emmanuel.

—Sí claro, que te creo —respondió su madre sarcásticamente—. Emmanuel se fue y no volverá, de eso estoy segura, y vos me estás intentando engañar. —Las lágrimas brotaron de sus ojos por la angustia de pensar en el futuro de su hija.

—Mamá, es cierto. Yo mismo hablé con Emmanuel, y él dijo que viene a verte en diciembre —intercedió Quique.

Los ojos verdes de su madre se resplandecieron con sorpresa y su semblante cambió totalmente, su felicidad era absoluta. Quería comenzar los preparativos para semejante ocasión. —Todavía falta casi un año para la boda, mamá —interrumpió la Felina.

Ella no quería una reunión suntuosa, sino algo sencillo en compañía de los más allegados. Su madre prometió darle gracias al Dios de los cielos por semejante milagro. Ocho meses pasaron hasta el día en que la Felina y Emmanuel se casaron. Su amor quedó grabado para la posteridad; seguirían por la vida con la seguridad de que los unió el mismísimo Dios, que permite que todos puedan amarse y disfrutar de cada minuto de su existencia.

Pasaron dos años y, a pesar de que su amor permanecía intacto como el primer día, la Felina no podía cumplir su sueño de ser madre. Ella ansiaba, desde lo más profundo de su interior, contar con una familia numerosa, arrullar a sus hijos con cantos de cuna, jugar con ellos e inundar su vida de amor. Nunca aceptó su situación médica y batalló contra toda adversidad, procurando revertir el trágico diagnóstico. Hizo todos los tratamientos que le indicaban, y siempre albergó la esperanza de conseguir su propósito. Finalmente, un día lo consiguió y, contra todo pronóstico, llegó a su hogar la más linda de las niñas.

Desde su nacimiento, Sharon encontró que el paso por esta vida sería de retos, de angustias, de cantos y de risas. Acompañada del amor de su vida, su papá, Sharon desarrolló una clara inteligencia emocional y un sentido del humor especial. A los veintiún años, ella logra inundar de felicidad los sitios que visita, gracias a su visión de futuro, su tranquilidad y sus brillantes ideas que comparte sin celo con conocidos y foráneos. La melodía de su voz permite apaciguar la angustia de los seres afligidos a su alrededor. Para ella, la vida es simple y el tiempo no existe. Es un genio en potencia al que le duele la humanidad y la entristece el odio, el chisme y el conflicto. Su pasión, viajar y devorarse cada lugar, cada espacio, cada paisaje. Busca en los detalles más simples e insignificantes la grandeza del Creador. La fotografía de una hoja seca es el mejor material para conseguir un paisaje que describe momentos o circunstancias vividas que le permiten recordar, y disfrutar con sus allegados.

Un día de verano, cuando los colores inundan la ciudad y producen un sentimiento de alegría, madre e hija retornaron al hogar, después de un día inusitado de trabajo, y aprovecharon el tiempo de la cena para hablar de su amada Colombia, ese país del norte de Suramérica encallado en los océanos Atlántico y Pacífico. Con una riqueza racial de las más interesantes del hemisferio, Colombia es hogar de blancos procedentes del continente europeo en tiempos de la conquista española; negros traídos de África para trabajar como mano de obra en la agricultura, la ganadería y la minería; e indígenas, ubicados en todas las regiones del país, particularmente en la región Caribe y en los valles andinos e interandinos, que también trabajan en la agricultura dada las condiciones del suelo y el clima. Como resultado de tantas mezclas interculturales, en Colombia se construyó un andamiaje de razas y talentos procedentes de todo rincón recóndito del planeta.

Los pobladores de cada departamento tienen sus propios aires musicales, que surgieron en los ratos de ocio, después del trabajo, cuando el indígena y el campesino labraban la tierra en las tardes de verano, tras lo cual, la fusión de instrumentos musicales llenaba el silencio de los moradores exponiendo la belleza de sus apasionados poemas, en los cuales la musa de su inspiración es la mujer que les brinda el amor, y la tierra que les garantiza el sustento diario. Los aires folclóricos sonaban al ritmo de la flauta y la percusión, hechos de huesos de animal y semillas o granos. Por otro lado, los recién llegados afrodescendientes inundaron el lugar con su cosmovisión y su música para completar la identidad musical del país. El aporte de la música europea a las tradicionales melodías indígenas y del Caribe colombiano, se sumaron los tambores procedentes de África es invaluable, los moradores crearon ritmos como la cumbia, en la cual hombres y mujeres danzan moviendo sensualmente sus caderas.

Colombia es también rica en diversidad biológica. Pájaros, mariposas y diferentes animales viven en la «tierrita». Y forman un colorido hábitat, para el disfrute de sus gentes. Los pobladores transmiten sus sentimientos con sus infinitas y bellas melodías, además, son dueños de un humor mordaz rico en mitos y cuentos de diversa índole. Cuando la tarde empieza, se reúnen en el parque principal del pueblo, donde al abrigo de los árboles ceibos y gualandayes entre otros, se alistan para recibir a sus cuenteros, que deleitan a propios y extraños con su conversación rica en historias populares.

Una de estas divertidas historias es la de una mujer afrodescendiente que fingió, durante nueve meses, un embarazo, ayudada por almohadas que ponía estratégicamente en su vientre para engañar a su incauto novio, quien quería abandonarla por falta de amor. Con otras marrullerías, logró convencer incluso a los médicos, quienes se sorprendieron al conocer la verdadera historia. La noticia se difundió masivamente y provocó la risa en todo el país, dada la osadía de la joven mujer que, a pesar de todo, seguía insistiendo que estaba preñada. Esta crónica popular fue motivo de composiciones musicales que fueron la diversión de muchas fiestas y jolgorios.

Así existen en Colombia muchos cuentos y leyendas de arraigo popular, en las que se acostumbra a relatar historias excéntricas que con alegría se expanden en todo el territorio nacional confirmando nuestro mundo, «macondiano», el mismo en que nació el nobel de literatura que transcendió lenguajes y continentes por su gran aporte literario. Toda una abundancia, tanto material como inmaterial, hace de Colombia un país inmensamente rico, aunque, ahogado en problemas internos, como la corrupción de los gobernantes que han saqueado a manos llenas los recursos naturales y los dineros de la salud o la educación, mientras miles padecen de hambre y desesperanza.

Sharon recordaba esa ocasión en la que, a la orilla del mar, descansaba en una hamaca y contemplaba el colorido del atardecer. La impresionó la belleza de la arena, que se asemejaba a una alfombra de estrellas. En sus sueños, la niña intentó volver al maravilloso momento en el que se había transportado al cielo. Una tarde de estío en compañía de su familia en el chinchorro mientras el rudo viento anunciaba la llegada de una borrasca, y la niña jugaba con su muñeca hasta quedarse profundamente dormida. A pesar del intenso calor, seguía encantada con la maravillosa experiencia de estar cerca al mar y percibiendo el olor a pescado y a sal, mientras escuchaba los cantos, como lamentos, de las humildes vendedoras de cocadas. Con cada pregón se percibía un grito que salía de lo más profundo de sus entrañas como una exposición de su estado de pobreza, pero también como una inexplicable expresión de ternura y afecto. Sus cantos alegóricos acompañados por los arrullos naturales del mar asemejaban quejidos de amor y esperanza.

En unas vacaciones Sharon había llegado a Tolú, una de las playas más hermosas del planeta. Fue tanta la impresión que le produjo la belleza del paisaje, que no quiso volver a su casa, pese a la orden perentoria de su madre. Pasar los días en la hamaca, otra delicia caribeña ya fuera leyendo o reposando, no tiene parangón, menos frente al mar. En tiempos de enorme calor, tanto niños como adultos se arrullan al vaivén que su movimiento natural produce, no solo en la costa, sino en toda Colombia. El sol, aunque muy presente en el trópico, en la costa atlántica adquiere una connotación estética, todos quieren acanelar su piel, bajo su ardiente y resplandeciente luz en las playas de ese exótico lugar. Sharon no era la excepción a esa norma: tras unas horas, el sol había dejado huella en su piel, que ahora estaba enrojecida. Después del largo día, el cansancio la doblegó y se sumió en un profundo sueño.

Con su cuerpo danzando al ritmo del sonido del mar, la niña subió al cielo y descubrió lo nunca visto. No podía moverse, pero sí podía volar; vio tres caballos blancos gigantes con unos dientes blanquecinos que irradiaban luz sobre su cara con un esplendor sobrenatural. De repente, un anciano alto, de barba blanca, la tomó en sus brazos y la colocó suavemente sobre el lomo de uno de los caballos. Sharon sentía que una paz infinita recorría su cuerpo, lo que le permitió disfrutar su viaje sin ningún tipo de temor. Caminaron por entre frutales de todas las especies y flores de todos los colores, el agua caía de manera armoniosa por un arroyo acunado en piedras de oro. Sobre los caballos restantes habían aparecido sendos jinetes que los escoltaban desde lejos.

Todos vestían túnicas blancas y sus barbas, del mismo color, eran tan largas y espesas que inundaban sus rostros de un brillo especial. Sharon dirigió una mirada curiosa y tímida hacia uno de ellos quien se la devolvió con una sonrisa aurea y prístina. Pese a que no tenía ni idea de lo que estaba pasando realmente, Sharon disfrutaba cada momento de esta aventura que, aunque fuese un sueño, se sentía más real que el sol que había quemado su piel ese mismo día. En el transcurso del trayecto también vio muchos niños con albos y alados, cuya presencia impregnaba el lugar de una fragancia indefinible. Junto a todo, hacían del paisaje un escenario armónico, en el que sonaba una sinfonía estructuralmente hermosa e interpretada, por los coros celestiales.

La pequeña se detuvo a mirar un grupo de personas que danzaban y alababan, entre las que reconoció no se sabe cómo a su bisabuela Concha, una mujer que a sus treinta era una líder que solía alabar al Eterno con cantos nativos propios de su región, y muy particulares. Era una mujer aguerrida, trabajadora con buen sentido del humor y de gran estabilidad emocional, lo que le permitía burlarse de ella misma, de sus errores, de sus temores y sus penas. La abuela, a pesar de su escasa escolaridad, era innatamente inteligente y poseía un discernimiento sobrenatural. Era la matrona de la casa: sus órdenes se seguían sin objeción alguna, y sus enseñanzas de las Sagradas Escrituras despertaron en su prole una curiosidad y admiración que aún persiste. Y allá estaba, se había ganado un espacio en el cielo. Sharon corrió hacia ella para darle un abrazo, pero en ese momento la tormenta deshizo la epifanía. Sorprendida y algo triste por no haber podido quedarse más tiempo en ese fabuloso lugar, reconoció la magnitud y el poder de la creación.

En Teherán, Ruth crecía. Su madre nunca logró modificar la actitud hacia su marido, reconoció igualmente que no había deseado a su hija, aunque persistía en cuidar de ella. Nasrin era consciente de que, si la niña estaba en buenas condiciones, ella podría mantener activa la mesada que Omar enviaba desde lejos, procurando el bienestar de su hija. Omar ya pasaba los 38 años; cuando estaba en casa, arrullaba e inventando cantos de cuna para Ruth. Por el contrario, Sharon hacía del llanto una cacofónica sinfonía habitual, al mismo tiempo que buscaba incesantemente nuevas emociones. En sus exploraciones, lograba abrir aparatos electrónicos y los observaba con atención, como si tratara de entender la razón de ser de esas extrañas cosas.

Pasaron los años, y ya adolescente, Ruth merodeaba cada noche tras los visillos de su casa y observaba a su madre atender a los numerosos invitados que casi no cabían en su cómodo y enorme lugar de residencia. Fueron reuniones memorables para su generación; Nasrin era una anfitriona exquisita, no dudaba en hacer sentir cómodo a cada invitado. En sus ya muy famosas reuniones, ofrecía los mejores platos iraníes, que había aprendido de su abuela, cuando la vida aún les sonreía y el afecto era la constante más preciada en su casa. Obviamente, estas fiestas se realizaban muy frecuentemente. No obstante, sucedían cuando Omar volaba a otros lares, sin ser consciente de lo que realmente hacía su esposa en los tiempos de aparente soledad y tristeza. Cuando Ruth cumplió diez años, ya era una niña poseedora de una belleza única.

—¿Saben que viajaré a Canadá? —le contó Omar a su familia

—¿Por qué? —Preguntó Ruth, —. ¿Qué vas a hacer allí?

—Proyectaré mis negocios en ese país, porque lo que deseo en el fondo de mi corazón es conseguir una mejor vida para todos.

—¿Cuándo te vas? —Preguntó Nasrin—. ¿Y piensas que te irá bien con tu negocio en Canadá?

—He oído que en ese remoto sitio del planeta hay muy buenas oportunidades de negocio—respondió él, felizmente—. Sin pensarlo mucho, he decidido iniciar este proyecto, haré todo el proceso de inmigración.

Nasrin no dijo nada, a ella ese cambio no la tocaría, porque no se iba a ir con el hombre que, sin proponérselo, había arruinado su vida. Un tiempo más tarde, una vez superó todos los obstáculos habidos y por haber, Omar se radicó en una ciudad de Canadá, en donde empezó su vida otra vez; aunque no pronunciaba una sola palabra en inglés, ni conocía cómo funcionaba el sistema financiero en ese lugar extraño a sus ojos y a su corazón. Después de haber disfrutado con las mieles del éxito en el Medio Oriente, Omar empezó a trabajar como obrero raso en su nuevo país de residencia, con el propósito de establecerse un día en Canadá junto a su bella familia.

Ninguno de los tres se imaginó el tiempo que tardarían en encontrarse otra vez, uno, dos años… O tal vez nunca.

Ese nuevo estado no le incomodaba para nada a Nasrin, quien disfrutaba de esa libertad a sus anchas. Ruth se adaptó a una vida que no entendía, pero que también disfrutaba: iba a la escuela, jugaba en el parque, visitaba de vez en cuando a sus abuelos paternos y jugaba largas horas en su habitación junto a sus amigos imaginarios.

Princesas, dinosaurios, monstruos y sapos, a cada uno de ellos le había asignado su propio nombre. También discutía con ellos hasta el cansancio, porque pensaba que la princesa no ocupaba el papel de monarca para la que fue creada; porque los monstruos la asustaban más de la cuenta en las noches de soledad; porque los dinosaurios no le contaban las historias que ella quería escuchar de la prehistoria; y porque los sapos se cansaban del trato no muy amigable que ella les daba. Así pasaba Ruth los días, viviendo en un mundo irreal que solo ella entendía, porque planteaba en él todas las preguntas que su conciencia a cada instante le formulaba y de las que ella habitualmente no obtenía las respuestas acertadas.

Omar, siempre responsable de su familia, enviaba dinero mensualmente para su manutención. Había procurado dejarles todo lo necesario, incluyendo una casa que era la envidia del vecindario. En medio del intenso calor de Teherán, ellas disfrutaban de un patio en el centro de la casa con una fuente de agua, un pequeño paraíso. Tenía también unas habitaciones tan grandes que parecían salones habilitados para reuniones múltiples. En la parte trasera, había una piscina que, aunque abandonada, aún brillaba por la belleza de sus aguas diáfanas. Además, una cuenta bancaria con una no muy despreciable suma de dinero, un automóvil que usaba para transportar de un lado a otro a los amigos que frecuentaban habitualmente sus escandalosas fiestas.

Omar trabajaba muy duro para enviarles mensualmente dinero. Él no era consciente de la situación que atravesaba su familia, pues desconocía la agitada y costosa vida de su esposa que había producido un declive económico. Omar tuvo que entregar su carro como pago por las innumerables deudas que los gastos de su esposa habían ocasionado. Ella no era administradora de bienes, era un ser ávido de amor y de libertad. En consecuencia, tuvo que empezar una etapa de su vida en la que la soledad y los frutos de sus actos dejaron una huella que prevaleció hasta los últimos días de su vida.

## Capítulo 4. La espía de la guerrilla

La Felina, había sido miembro de un partido de izquierda durante la guerra fría entre 1980 y 1985 Viajaba por todo el país, particularmente por la selva, auxiliando a un frente de la guerrilla. En los años 50, un grupo guerrillero en Colombia se auto proclamó como el Ejército del Pueblo, tras una gesta libertaria originada en el campesinado, que luchaba por justicia y protección para derrotar a los ladrones de ganado y a otros criminales de la zona. Ante el total abandono del gobierno de turno, el movimiento armado de estos labriegos se organizó y orquestó su operación al margen de la ley desde los montes de la bella Colombia, dado su alto nivel forestal y elevadas montañas. Las inmensas selvas que se convirtieron en el escondedero perfecto para los alzados en armas. Originalmente, ellos habían soñado con un mundo mejor para el campesino, ante la incapacidad del Estado de defender parcelas, regular el mercado y proporcionar la seguridad necesaria para el normal desenvolvimiento de sus vidas. Sus intenciones eran arrebatar a los funcionarios corruptos del gobierno el poder para distribuir de manera equitativa la riqueza.

Estaban liderados por un valiente labrador, amante de la libertad quien, a pesar de su precaria escolaridad, sería luego ampliamente conocido en los valles, veredas, ciudades y universidades por su gallardía y por enfrentar la ola de terror que habían causado grupos al margen de la ley en su región. Como resultado de la persecución de los «Chulavitas», grupo de ultraderecha, a líderes progresistas de ese entonces, este hombre aguerrido fundó el grupo guerrillero como un instrumento armado que procuraría la defensa de los intereses de los más necesitados; la organización clandestina tuvo al inicio de la operación militar, reglas, principios, valores, y una bandera de lucha: la toma del poder para garantizar la justicia social al más desfavorecido.

Dos años antes, la muerte de Jorge Eliécer Gaitán, el 9 de abril de 1948, había conmocionado a Colombia. El caudillo liberal fue asesinado por sus ideas contrarias a las del establecimiento; su muerte generó una sociedad ambulante, agresiva, intolerante, polarizada, sin identidad y con una inversión de valores tan grande que los jóvenes de ese tiempo no sabían cuál era su destino, su futuro, o incluso si contaban con el apoyo de la sociedad, incluida la familia y las autoridades. Esta tensión política, la aprovechó el grupo guerrillero para intervenir en los procesos sociales del momento, que flaqueaban en su intención de satisfacer las necesidades básicas de la sociedad.

Hombres, mujeres, jóvenes valientes y así mismo adolescentes fueron convocados a través de la militancia política en colegios, universidades, campos, veredas y en los cascos urbanos, a hacer parte de las filas guerrilleras, pero a la postre, sin un adecuado entrenamiento, indistintamente de su sagacidad o capacidad guerrera, no sabían por qué luchaban o cuáles beneficios traería ese movimiento social —aparentemente libertario— para su futuro inmediato. El grupo se expandió rápidamente a las ciudades y, como reguero de pólvora, se inmiscuyó en la vida rutinaria de la mayoría de las universidades públicas, aprovechando el fresco aliento de lucha de los aguerridos estudiantes que propendían por crear una cultura política honesta, influenciada por el arte y la educación.

Era un tiempo interesante, era como si un paisaje un tanto ilusorio hubiera transfigurado los caminos desaliñados de los barrios y los pueblos, abatidos bajo la dictadura de la pobreza. Miembros de todas las clases sociales estaban involucrados en la gran batalla de liberación, incluso algunos líderes espirituales de renombre, quienes generaron un gran impacto por sus pensamientos revolucionarios. Uno de ellos fue el pionero de la teología de la liberación y preconizador de una mezcla interesante entre marxismo y cristianismo, sincretismo utópico que fue usado como bandera de la rebelión al interior de una pequeña célula de la sociedad. Era una forma de pensar que se revelaba contra el orden, contra el establecimiento, pero que al mismo tiempo invitaba al humano a cambiar su comportamiento, a tener fe, a creer en un dios, cuando el Marxismo exponía a los cuatro vientos que «la religión era el opio del pueblo». En esta doctrina, todos los caminos conducen a dios, indistintamente de las creencias, orígenes de las personas o culturas, en la que se desconoce que la voluntad del Rey del Universo es soberana, que no hay salvadores humanos, ni deidades más que Él.

Este grupo guerrillero nació al vaivén de la revolución cubana, la que sufrió una metamorfosis parecida a la que padeció este movimiento alzado en armas. Fue la resurrección del asalto al cuartel Moncada, que posteriormente se convirtió en el símbolo emblemático de la toma libertaria del poder en Cuba. Nadie imaginó que a futuro sería una plataforma satánica de la tiranía insensible y bien conocida de los Castro. No se contentaron con hegemonizar la bella isla, sino que expandieron por el resto de América Latina su veneno comunista, anacrónico y retardatario, usando una cloaca con títeres que se hicieron con el poder. Era el tiempo del folclorismo y jolgorio, el *hipismo*, y predominaban las ansias de libertad de los ilusos jóvenes; la canción social y los poemas que hablaban de un mundo irreal.

Los militantes seguían a ciegas a sus líderes, como si fueran entes perfectos, pero en ese tiempo en ellos solo existía la anarquía, la corrupción y la injusticia, además posaban en las reuniones sociales y en los mentideros políticos como hombres inteligentes y con voluntad de lucha, pero exponían la pestilencia que albergaban en su interior cuando inundaban sus entrañas de alcohol. A la postre, revelaban sus más libidinosas pasiones, sus ansias de poder, sus odios y temores. No obstante, ese tiempo de beligerancia fue un renacimiento para la política, fue agregar a la «democracia boba» colombiana un ingrediente más, hiel a la nueva sociedad polarizada.

Era el tiempo del *peace and love*, en el que se aprovechaban las discusiones políticas, que terminaban en tertulias para bailar y emborracharse. Sin ningún líder centrado en la dirigencia, se creaban grupos y partidos políticos con la misma facilidad que las meretrices abren sus piernas. Muchos aprovecharon estos tiempos de desorden de la militancia y de hormonas calenturientas de los jóvenes para encontrar en ellos a los borregos de su nepotismo, creyendo que esta novela romántica se iba a perpetuar por siempre. Los países socialistas del hemisferio oriental abrieron sus puertas a los hijos de guerrilleros y militantes del partido que estaban comprometidos con grupos urbanos que auxiliaban al movimiento ilegal. Financiaron su entrenamiento que incluyó los estudios universitarios de la nueva generación de los delfines del grupo terrorista y también toda clase de propaganda política, que se difundió en los colegios y universidades del país.

Fue un fértil y largo período de contubernio comunista con los países extranjeros, en el que tenían sus intereses puestos en el bello y exótico país que sería la entrada triunfante del comunismo en Sudamérica. La posición geográfica despertaba los más malévolos intereses sobre el país y unas intensiones evidentes de invasión. Este maridaje ilícito les permitió formar profesional y militarmente a sus cuadros políticos. Sin embargo, la relación secreta disminuyó dramáticamente ante el desplome de la guerra fría y el cambio en la estructura política de muchas de esas naciones, lo que permitió el rompimiento de todos sus compromisos.

En ese caldo de cultivo que se entremezclaban los bajos niveles de escolaridad por falta de acceso a la educación—hecho imposible de creer en un país tan rico como Colombia con los intereses macroeconómicos del delito, que generaron el narcotráfico y todo tipo de crímenes. Esta corrupción ha permanecido, de manera inamovible, por décadas y, generación tras generación, ha dejado a su paso víctimas, que hoy por hoy son más pobres; y victimarios, que se han enriquecido con el presupuesto destinado a la política social y que hoy engrosan la lista de millonarios gracias al robo, de las arcas del estado.

Inevitablemente, sin ningún sustento ideológico y con sus líderes que, sumergidos en la economía de mercado de la droga, el grupo guerrillero pasó de ser una alternativa política de ayuda a la población vulnerable a una banda de narcotraficantes que acechaban la vida de pobres y aristocráticos sin diferencia alguna. Su propósito se convirtió en el enriquecimiento ilícito: la antítesis de los principios y valores de otrora. Atrás quedaron las buenas formas, la sana discusión política y el discernimiento. Por el contrario, la tiranía de sus cabecillas invadió todos los ámbitos sociales, convirtiéndolos en el verdugo más atroz de los colombianos, quienes eran víctimas de secuestros, extorsiones, asesinatos masivos y vejámenes de lesa humanidad.

Se relacionaban con todos los carteles de cocaína del mundo porque eran sus mejores proveedores. Ayudados también por países vecinos, corredores estratégicos para el transporte de alucinógenos. Los pasaban sin ningún tropiezo, porque quienes los recibían eran criminales que había permeado las instancias del gobierno. En sus aviones privados, desplazaban la cocaína por Centroamérica y el Caribe, con destino final a Europa y Estados Unidos. A pesar del tráfico de drogas, los combatientes permanecían en la línea de pobreza, como buenos revolucionarios, mientras que, en la cúpula, la realidad era otra, el consumismo estaba a la altura del más voraz y radical capitalista.

Los dirigentes promulgaban la equidad social y la austeridad del gasto entre sus miembros, mientras paradójicamente portaban relojes marca Rolex. Incluso, desde la radicalidad del discurso comunista, se hablaba de transparencia, de la necesidad de trabajar por «causas nobles» y de mantener la igualdad social, entre otras grandes mentiras que le han hecho creer al pueblo a lo largo de la historia, y que generó un odio de clases que ha causado un daño incalculable. Los camaradas expresaban públicamente animadversión a todo cuanto se refiere a los símbolos al «capitalismo salvaje», pero en la cruda realidad se dejaban seducir por la belleza subyugante del sistema.

El Zarco Elio, es un claro ejemplo, tenebroso y satánico matón de seres indefensos en Colombia que inventó armas no convencionales, como los cilindros bomba. Cohetes artesanales con un alto grado de destrucción que lanzaban al azar en pequeñas poblaciones que intentaban tomarse. Los cilindros eran la antesala macabra a la toma miserable de pueblos, caseríos, estaciones militares y de policía. Muchos de sus inocentes civiles y miembros de las fuerzas armadas eran asesinados, o en el mejor de los casos, secuestrados mantenidos en cautiverio en jaulas, atados de pies y manos.

La mayoría de las víctimas permaneció encerrada por muchos años, aunque algunos lograron escapar de la sanguinaria acción de estos criminales. Los guerrilleros liderados por el Zarco mataban a sus pobladores indistintamente de su condición, edad, género o raza, posteriormente celebraban con júbilo y otorgaban ascensos. Ante tantas amenazas, las gentes de estos pueblos abandonados recurrieron a los militares en busca de protección para sus vidas, cosa que aprovechó la ultraderecha para justificar el auspicio y financiación de grupos paramilitares, cuyo propósito era desaparecer cada guerrillero, junto con su familia. La polarización, la guerra de guerrillas y la corrupción llenaron de desesperanza la vida diaria de sus otrora felices habitantes y el país se había ido al traste.

Corría el año 1982, cuando un buen amigo del vecindario de la Felina la invitó a una reunión especial, donde se hablaba de liberación y de emancipación. Rafa pertenecía a un partido de izquierda y era conocido por su nombre de guerra, Orejitas, por haber perdido la oreja derecha en un accidente. Su problema físico era objeto de burla de algunos, pero eso no le impidió ser un brillante militante, ni ser despedido con honores tras su dramática muerte en una toma que planeó el grupo insurgente al que pertenecía, en la capital del país. Durante el combate, fue capturado, posteriormente torturado y asesinado. Rafa le prometió a la Felina que ella, por su personalidad extrovertida y aguerrida, disfrutaría de la tertulia que tendría como invitado a uno de los comunistas más reconocidos en ese momento.

En esa ocasión, la Felina usaba un vestido color café, que combinaba con el color profundo de sus ojos acaramelados. La túnica le caía hasta los tobillos, y combinó con un cinturón y unas sandalias color oro. El movimiento de su abundante cabellera crespa, en forma de afro que le daba un aire de mujer libre, dispuesta a todo. La Felina poseía un don de la palabra, lo que la hacía sobresalir entre las chicas de su edad; la profundidad de sus pensamientos conmovía a sus allegados y su capacidad de convocatoria atrapaba a sus comensales, que habitualmente la visitaban para escuchar su fino humor mordaz y sus canciones, que salían, sin tapujos, de lo más profundo de su ser.

Llegó a la reunión, habló sin parar y fue el centro de atención de los invitados, sin saber que detrás de toda esa maravillosa escena, había alguien estudiando sus conceptos, fisgoneando en cada uno de sus pensamientos y detallando milimétricamente cada uno de sus movimientos. Finalmente, la hora de presentar a la bella e irreverente mujer llegó.

—Marcos quiere hablar contigo. —Dijo Rafa al acercarse tiernamente a su compañera.

—¿Quién es ese? —preguntó la Felina.

—Ese soy yo —replicó el caballero que se había acercado a ellos—, no he tenido el honor de conocerte, estoy tan maravillado de tu presencia y de tu brillante inteligencia que quisiera conversar contigo. —Dirigió su mirada penetrante a la Felina—, habitualmente no hago esto, soy excéntrico con las mujeres, particularmente, pero me llamó mucho la atención tu personalidad y desparpajo.

—¿Excéntrico con las mujeres? —Preguntó la Felina en tono burlón—, ¿por qué?, ¿no te gustan?

Marcos sonrió tímidamente y su mirada se perdió por un momento en el firmamento, tratando de pasar el mal comentario de la Felina. El camarada, por su porte varonil y su atractivo, era el encargado de «conquistar» los nuevos cuadros (líderes) para trabajar en comisiones especiales. Sus ojos verdes eran tan grandes y expresivos que no parecían reales. Su cabellera color café y sus grandes músculos eran el motivo por el que todas las chicas que asistían a esas reuniones querían estar cerca de él. Aunque la Felina reconoció el atractivo de su interlocutor, ella era un hueso duro de roer; no la seduciría con su anatomía; además, nunca exponía sus emociones o sentimientos fácilmente. La Felina no permitía que las pasiones la arrastraran a tomar malas decisiones, así que ignoró por completo al apuesto hombre y siguió su rumbo, conociendo más gente en la reunión, disfrutando cada comentario, cada comida y el estruendo de la música.

—¿Por qué eres tan grosera con el camarada Marcos? —Rafa volvió a abordarla y le susurró al oído—: ¿no sabes quién es él?

—¿Perdón? —Contestó ella, algo enfadada—, la pregunta es: ¿él no sabe quién soy yo?

—¿Estás loca? Ahora van a ofrecer un cóctel y él quiere hablar contigo. Por favor, hazlo por mí, escúchalo...Si no te gusta lo que te propone nos vamos a casa —añadió—. ¿Qué te parece?

—Bueno está bien, lo haré por vos, porque me trajiste a este lugar y no te voy a decepcionar.

Había mucha gente interesante en la reunión, entre ellos un músico clásico que la Felina había conocido en el conservatorio días atrás, un profesor de arte de la universidad, una integrante de teatro y el director de la cinemateca distrital de la capital, que visitaba por esos días la ciudad. La Felina compartió sus opiniones acerca del arte y la liberación de los pueblos. Algunos de los invitados la reconocieron porque ella hacía parte de un grupo musical muy conocido en la región. La invitaron a cantar, pero ella se negó rotundamente, porque no había ido a esa reunión a deleitar a extraños. Tal y como predijo Rafa, Marcos la abordó durante el cóctel.

—Quisiera invitarte a una reunión en la universidad mañana en la tarde. ¿Podrías venir?

—¿De qué se trata? —preguntó la Felina, con un tono de voz algo agresivo.

—Bueno, vamos a proponer algunas alternativas de trabajo en la universidad y su interrelación con la sociedad.

—Um, suena bien. ¿A qué hora es el encuentro? —respondió la Felina, mostrándose interesada por dicha plataforma de trabajo.

—A las cinco de la tarde.

—Bueno, allí estaré.

—¿Quieres un vino?

—No gracias, no tomo —contestó la Felina, volviendo a su actitud distante.

Para Marcos, ese día había sido especial porque, sin mucho esfuerzo, logró un primer acercamiento con una mujer de temperamento fuerte, que podría ser un excelente cuadro político que cumpliría misiones especiales para el frente. «Ella es de ese tipo de mujeres que darían la batalla sin temor, sin represiones, sin obstáculos que nos impidan expandir nuestro planteamiento comunista», pensó encantado. Así, reunión tras reunión, los camaradas embadurnaron a la Felina con un discurso utópico acerca de la liberación de los pueblos, de la financiación de los grupos que trabajaban incondicionalmente por lograr emanciparse del verdugo. Las tertulias a las que frecuentemente asistía estaban llenas de jóvenes intelectuales, inquietos por su futuro. Nunca faltaba la música de Oscar de León, Rubén Blades e Ismael Rivera, entre otros.

El humo del cigarrillo era insoportable, y los sonidos estridentes de los comensales hacían inentendible la conversación. Los gritos colmaban el lugar, bailando se concertaban discursos y otras reuniones. Se volvió tan familiar para la Felina asistir a ese tipo de veladas, que llamaban «peñas culturales», que muchas veces ella y su grupo participaban cantando la música de Mercedes Sosa y Pablo Milanés, entre otros. Cuando la carnada estuvo lista, Marcos expuso su verdadero propósito y le habló sinceramente a la Felina.

—¿Te interesaría hacer parte de un grupo de auxiliares de la guerrilla? —Le propuso finalmente.

El camarada Marcos era un hombre guerrero e inflexible, que inició en la militancia del partido cuando tenía 16 años. Fue líder estudiantil y viajó al extranjero a recibir entrenamiento militar y de inteligencia. Lamentablemente, cuando regresó al país, se enteró que un grupo de paramilitares había asesinado a gran parte de su familia. Su dolor, mezclado con el odio al establecimiento aprendido en su entrenamiento, lo transformó en un ser duro de carácter, solitario y adentrado en la lucha política. Era un hombre estudioso y disciplinado; no permitía un solo error en las misiones delegadas; y era intransigente con quienes cometían algún tipo de imprudencia que pusiera en riesgo la seguridad del grupo. Era también un excelente bailarín y le fascinaban las tertulias en las que podía distraerse de la dura agenda que cada día debía cumplir. Por eso, buscaba cuadros políticos que le ayudaran a sopesar un tanto su arduo y riesgoso trabajo.

—Tu alto grado de sagacidad va a darte la oportunidad de que hagas parte de este selecto grupo, que estará conformado por no más de seis integrantes —añadió, intentando convencerla— hay médicos, artistas, empresarios, etc. Podrías realizar un aporte significativo a la lucha armada de este país.

Marcos no le explicó a la Felina todas las actividades habituales del grupo, sino que esperó y, progresivamente, le fue asignando más responsabilidades, al tiempo que la entrenaban en la estructura militar del grupo armado. En realidad, sus funciones eran formar comandos urbanos que favorecieran el trabajo de la guerrilla desde las ciudades; buscar financiación para los frentes; reclutar nuevos cuadros; auxiliar guerrilleros heridos en combate; trasladar material de guerra de las ciudades a los pueblos; e infiltrarse en las filas del ejército o de otros movimientos de izquierda que eran enemigos políticos del grupo guerrillero. La Felina aceptó la propuesta del camarada Marcos sin ningún reparo porque era lo que tal vez estaba esperando en su ardua lucha por ser diferente a las adolescentes de su edad.

En la primera reunión clandestina, le asignaron su nombre de guerra: Mila. El inicio del proceso comenzó cuando le recitó el manifiesto del Partido Comunista a Marcos. La instruyeron en inteligencia militar para allanar espacios vedados y le enseñaron ruso para que interpretara los mensajes escritos con instrucciones precisas de las misiones, que le dejaban bajo algunas piedras de un muro en la universidad. La rodearon de camaradas que hacían parte del grupo especial de inteligencia; todos sus miembros tenían una doble vida que les permitía pasar tiempos inolvidables entre el frente, la ciudad, el amor de su familia y allegados. Cada día, entre la rutina diaria y su afanosa agenda ilícita, guardaban su doble personalidad en su fuero interno, para no revelar las circunstancias que entramaban su vida clandestina.

La Felina liberó suficiente adrenalina en la primera misión encomendada. Un sábado, a la media noche, mientras la mayoría de los jóvenes de su edad bailaban en las discotecas del lugar, se realizó una reunión en una finca, cerca de la ciudad, en un hermoso anochecer, en la que predominaban el canto de sapos y grillos. El pequeño riachuelo que atravesaba el lugar transmitía a los visitantes una sensación especial que fácilmente contagiaba a los asistentes, a esa calma inentendible que invade el corazón de los transeúntes de la oscuridad.

Fue allí donde el camarada Marcos le confirmó al resto del grupo que la Felina ya estaba lista para llevar a cabo su trabajo dentro de las operaciones de inteligencia. Le manifestó, asimismo, su admiración y respeto, y le entregó una tula con armas, granadas, pistolas y munición para las mismas. Tendría que llevarla a la casa y cargarla a sus espaldas por unas horas todas las noches, para que se familiarizara con ella. Le dio un revólver pequeño para su defensa personal, el cual había aprendido a manejar en los cortos entrenamientos que tuvo con sus compañeros de andanzas. Le entregó igualmente dos millones de pesos para los imprevistos, que incluían sobornar a cualquier policía o militar que se atravesara en su camino y viajar en un bus de transporte público, para evitar sospechas que pusieran en peligro el plan que se convertiría en su primer trabajo y que, adicionalmente, le dejó una experiencia que recordaría por siempre.

La Felina aprovechó su pasión por el buen vestir para usar diferentes prendas, como una estrategia que realmente desarmaba al más exigente de los guardias. Eran casi las siete de la noche del día de la operación. Había viajado a un pueblo a tres horas de la ciudad, siguiendo las instrucciones del camarada Marcos. Abordó un bus destartalado cuyo único sonido era el llanto permanente de un recién nacido, cuya madre viajaba en el asiento diagonal en el que estaba la Felina. El trayecto del viaje aparentemente era tranquilo, estaba acompañada de su guardaespaldas y otro camarada que se ubicaron en la parte trasera del bus como medida estratégica en caso de que tuvieran que proteger a la Felina; un infiltrado del grupo los ayudaría a pasar todos los controles de seguridad sin percance alguno. Sin embargo, cuando atravesaron el retén militar, el cómplice de la operación no estaba de turno. Al parecer, el bus llegó al sitio de inspección policial cuarenta minutos antes.

La sagaz mujer, temerosa por su vida, reconoció que la persona encargada de hablarle en clave no estaba en este grupo de la operación y, en efecto, tuvo que actuar rápidamente, ya que los soldados ordenaron a todos los pasajeros que bajaran del bus para proceder a una requisa rutinaria. El semblante de la Felina cambió y sintió la muerte muy cerca, hecho un vistazo a sus "camaradas" para declararles su temor dada la situación que estaba experimentando, pero su instinto de conservación la hizo reaccionar y buscar la estrategia que la sacaría de uno de los momentos más peligrosos en su vida de infiltrada. Miró alrededor y encontró la respuesta en una mujer de aproximadamente 25 años que daba seno a su hijo recién nacido. Aprovechó el desorden de los pasajeros, que seguían las instrucciones del militar, y apresuradamente se cambió de lugar para murmurar con la mujer.

—Esta bolsa tiene material de guerra, bombas y armas. Yo puedo hacer explotar el bus en un minuto, pero si sigues mis instrucciones, nada va a pasar, ¿listo? —La intimidada mujer parecía haber entendido las órdenes de la Felina.

—Yo hablaré todo el tiempo y tú, callada. ¿Me entiendes? —La mujer asintió nerviosamente y la Felina le guiñó el ojo—. Dame tu hijo, yo fingiré darle seno —ordenó.

La madre siguió sus instrucciones sin pronunciar palabra, aunque su cara había palidecido. Cuando el soldado se acercó para registrar los asientos, encontró a la Felina pretendiendo amamantar al pequeño. La mujer a su lado usaba una manta azul para cubrir la llenura de sus senos, de los que manaba leche como ríos de agua viva. Unos minutos después, un soldado de no más de 18 años dio la orden de desocupar el autobús.

—Mi niño ha tenido fiebre desde hace dos noches y ha llorado todo el camino. Apenas logró quedarse dormido, por favor —rogó la Felina. Comenzó a llorar inconsolablemente, mostrando un aparente estado de shock.

—Señora, por favor mantenga la calma —respondió tímidamente aquel militar, ya que parecía incomodado con la situación.

—Es que... estoy recién parida, siento mareos, por favor.

El comandante Macías pareció sopesar su respuesta por unos minutos. Una madre era una madre, después de todo, y era improbable que, con ese bebé, pudiera representar un peligro para los demás pasajeros.

—teniente Maldonado, vamos a parar la requisa—ordenó perentoriamente el militar—. Fue suficiente. —El comandante dejó el bus, no sin antes decirle a la mujer—: Espero que se mejore pronto su hijo, señora.

La Felina, aun siguiendo el papel de una pobre e indefensa madre, cerró sus ojos y agradeció al hombre en silencio. El soldado abandonó la requisa sin saber que debajo de la pequeña y frágil mujer, había una tula cargada con material de guerra. Una vez pasado el peligro, la Felina agradeció a la mujer por su gesto de solidaridad.

—Gracias compañera, por su invaluable ayuda. Pero recuerda, no puedes cometer ninguna imprudencia, voy a estar vigilándote, y mis camaradas están en la parte trasera del bus custodiándome ¿Me entendiste?

La mujer, todavía pálida por las graves circunstancias que había tenido que vivir, asintió con su cabeza, en signo de obediencia. La Felina se movió del lugar prudentemente, para no despertar sospechas entre los viajeros del bus que finalmente llego a su destino un poco antes de lo planeado.

Los años de la Felina se volvieron apasionados e interesantes; se desenvolvía por los polvorientos y selváticos caminos como pez en el agua. El olor a manigua penetraba en los sentidos; era un aroma particular, diferente al de todas las fragancias, era un olor tan especial que permitía asociar experiencias pasajeras con el paso del tiempo. Los recuerdos son marcas registradas en el corazón que se convierten en la historia exclusiva de cada ser vivo. Una vez entras en contacto con esa sensación, hay un viaje, una película, hacia los más remotos y anhelados momentos: la majestuosidad de la naturaleza, esa alfombra sin límite en que se convierte la selva; ese trino de pájaros de todas las especies que viven  en una zona tan privilegiada y bella, comparable solamente con el paraíso; sapos, mariposas de colores intensos que se atravesaban a su paso e inundaban el lugar de un ambiente único, allí se respira el espesor de la arboleda frondosa de la jungla.

La Felina, que cantaba como un turpial, se fascinaba escuchando a sus colegas y les respondía sus cantos líricos. Montaba un caballo negro azabache, cuando venía de tierras lejanas. El corcel parecía entender la importancia de su chalán. Resoplaba ruidosamente cuando la escuchaba interpretar hermosas melodías, al mismo tiempo que meneaba la cabeza. Al menos, la voz de la Felina sería un aliciente para combatir la larga jornada que les deparaba, pues tenían que atravesar gran parte de la selva hasta llegar a los profundos y verdes llanos del río Caguán. Igualmente, sabían, trotón y jinete, que, si se movían equivocadamente, todas esas armas que llevaba al anca explotarían, haciendo de ese maravilloso día el último de su existencia. A paso calmado, pero seguro, procuraba hacerle honor al personaje, porque tal vez en su interior temblaba de temor.

Si algo le pasaba, tendría problemas con los camaradas, que ansiosos esperaban los importantes mensajes que ella traía del partido político, brazo ideológico del grupo alzado en armas. Aunque lo negaran a diario, era evidente que ellos eran los teloneros de todas las actividades criminales de la guerrilla. Los mensajes de la cúpula del partido iban protegidos como oro, sellado y con estrictas órdenes de no abrirlos, aun estando en eminente peligro o agonía, porque nadie más que el líder político podía conocer esta información.

Los constantes viajes de los miembros del buró central a diferentes países comunistas eran un motivo del intercambio epistolar en el que se pautaban las directrices políticas a la cúpula militar para el desarrollo, evolución y evaluación de sus planes. Todo se justificaba por la lucha libertaria, pero en el trasfondo se estaba gestando el más nefasto de los binomios: guerrilla-narcotráfico. En décadas futuras, esta relación empezaría a dar sus frutos criminales. En el tiempo en que la Felina militaba en sus filas, la guerrilla preconizaba que algunos empresarios hacían «donaciones voluntarias» para el financiamiento de los frentes, mas pasado el tiempo y ante su inminente desencantamiento, la Felina no estaba segura de si realmente la ayuda era voluntaria o si era el resultado de chantajes y amenazas directas a los pobres finqueros y comerciantes. Los camaradas del secretariado eran los únicos que manejaban los asuntos financieros del grupo, por lo que lograban enmascarar esa verdad refiriéndose a ellos como «nuestros colaboradores». ¿Quién aporta esas cantidades enormes de dinero a menos que tenga un revólver apuntándole a la cabeza? Ella era solamente un instrumento que transportaba, que luchaba y que pensaba ilusamente en la honestidad y generosidad de sus «jefes».

De vuelta en la ciudad, en un restaurante, la Felina recibió un maletín para el comandante Mario. Cuando ella llegó a casa, lo abrió y quedó asustada por la cantidad de dinero que había adentro: por lo menos 40 millones de pesos. Sus pies se enfriaron y su corazón palpitó más de lo normal. La Felina se limitó a esconder el paquete en la parte alta de un clóset en su habitación y a esperar instrucciones para transportarlo. Javi, el mensajero, le informó un rato después que debía entregarlo en una caja, envuelto en un forro color blanco con un cordón rojo. Ella lo envolvió como un regalo y se desplazó, junto con su guardaespaldas, Afro, a un sobrio y escondido lugar: una escuela rural cerca de la ciudad.

Al llegar, encontraron a una mujer alta, de cabello rubio y con la mirada perdida en el infinito. Modulaba las palabras como un robot y, con un cigarrillo en la mano, les indicó con su dedo índice que dejaran el paquete en el pequeño y abandonado balcón de su casa y que se fueran. La Felina no entendió si la extraña mujer estaba en sus cabales, porque, en la soledad de su extensa vivienda, cantaba versos inentendibles y se reía sin motivo aparente. Desde la distancia, la Felina observó que, en sus ojos cansados y en su figura frágil y desordenada, se delataba fácilmente la mala vida que llevaba. La Felina y su guardaespaldas siguieron las órdenes de la mujer y emprendieron su camino en motocicleta, no sin antes imitar los gestos y la voz chocante de la dama que se hizo portadora de la gran suma de dinero. La Felina nunca sabría el motivo exacto de esta misión o alguna de las otras en las que llevaba este tipo de elementos física y materialmente valiosos.

En una ocasión, cerca de la media noche, estando en su casa, en compañía de su amiga Pipila. Iluminadas por el resplandor de la luna y bajo un calor intenso, que no las había dejado descansar. Conversaban amenamente, cuando el ruido estrepitoso de la moto de Luis, el médico que comandaba el frente, llamó la atención de las dos mujeres.

—Otra vez ese *man* buscándote, por qué no evitas problemas, ¡te van a matar! —vociferó Pipila mientras la Felina corría al encuentro del camarada.

—¿Qué ha pasado?, ¿por qué has venido a visitarme a esta hora?

—¡Porque debemos viajar a la capital! —exclamó el camarada.

La Felina conocía con anterioridad el propósito de ese viaje: cantar frente a uno de los máximos líderes del grupo a nivel nacional. José, quien era un excelente compositor, le había solicitado a la organización la financiación para grabar un disco. Tras coordinar el viaje, al llegar al lugar de encuentro, se subieron a una camioneta 4x4, junto a otros miembros pertenecientes al mismo clan. Nadie musitó palabra en el transcurso de las cinco horas de viaje; todos estaban en un estado tal de alerta, que no permitía la comunicación entre ellos. Llegaron a una casa vieja, en una zona central de la capital, hacia las cinco de la mañana. Los esperaba uno de los máximos dirigentes de la guerrilla, su anillo de seguridad y dos líderes políticos del partido. La muestra musical solo duró 30 minutos, porque el camarada dirigente debía salir de la ciudad de la forma más rápida, segura y oportuna.

La Felina tuvo la oportunidad de conocer a un hombre legendario, un campesino nato. Su acento delataba su origen y su muy breve planteamiento acerca de la guerra de guerrillas, estrategia vigente en ese momento, evidenciaba que él representaba la parte humana y menos radical de la guerrilla. En su discurso, llamaba a la disciplina, al orden, a la educación y al compromiso de los miembros del movimiento subversivo; ese hombre realmente hubiera podido evitar la infiltración de criminales al interior de la guerrilla, quienes reconvirtieron los principios y valores de la organización.

—Mi último momento será en el frente de batalla, cuando el enemigo se ocupe de mí y me retire con un balazo en la cabeza. Mientras tanto, seguiremos peleando y luchando hasta que llegue ese día—juró el hombre, quien paradójicamente murió en uno de los campamentos, por su prolongado estado de vejez en su lecho, cuando padeció un fulminante infarto cardíaco.

Probablemente, uno de los factores que incidió en el cambio radical de la organización clandestina fue la muerte del respetuoso combatiente que propendía por los buenos principios, por el respeto a sus guerrilleros, por el orden y la verdad. Poco a poco, se fueron muriendo los fundadores de la organización y la línea militar cambió dramáticamente, conforme ingresaban otros combatientes con otros intereses, lo que los condujo a perder todo el foco y el contexto de la guerra.

## Capítulo 5. La misión en la manigua

La majestuosa selva de Colombia tiene su propia ley, su característico olor, su particular historia y su apasionado lenguaje. Los animales más extraños del planeta están ahí, para honor de la patria esperando la presa para satisfacer su hambre. Su lamento es audible y clama por justicia. Los árboles, entrelazados en sus follajes, dan sombra y producen admiración a los lugareños y foráneos que extrañamente visitan ese agreste e impenetrable rincón de nuestro país. En la inmensa grandeza de su floresta, se imbrican verdes de diferentes tonalidades, texturas y brillos. Habitualmente, millares de hojas secas caen como resultado de la catarsis que hacen los bellos follajes de los centenarios árboles, formando una alfombra de diversos colores. Las flores se posicionan, una tras otra, y forman un corredor interminable de llamativos matices que expresan la imponencia y enorme belleza de la naturaleza.

Es tan inmensa la selva que un ser humano no podría sobrevivir fácilmente en su seno, sin al menos saber orientarse. El espeso monte es biodiversidad en acción, y nunca sabremos cómo nos tratará. Los animales viven en su hábitat y siguen las normas de convivencia; un tigre no retoza con una mula, un pájaro no copula con un sapo. Su espacio es perfecto, porque tienen una ley y la respetan, no la vulneran. Por eso, la sensación de habitar en ese maravilloso lugar es un reto que merece ser vivido, caminar largos caminos, enterrándose en la selva, recibir el sonido llano de la naturaleza, percibir en cada paso los cantos de las guacamayas o el olor fresco de la manigua, observar a los monos que brincaban encima de las cabezas de los visitantes y, de un momento a otro, verlos masturbarse produciendo en el humano una sensación de rubor y muchas veces, escozor o malestar.

En la selva, las mariposas son el centro de atención, porque coquetas regatean el lugar y atraen la mirada. Vuelan de un lado para otro, expresando la importancia que su presencia brinda. La Felina se desplazaba por los montes y llanos de la selva a cumplir con sus acostumbradas misiones. En una de esas ocasiones, sus acompañantes y ella tomaron un avión que los llevaba a la puerta de la Amazonía, llegaron a un pueblo vacío como si todos sus moradores hubieran pasado a mejor vida, allí, esperaron tres horas en un hotel de mala muerte para no despertar las sospechas de los «chulos», como llamaban a los militares o policías. Era un sábado plagado de tristeza, el calor era infernal y los mosquitos les daban la bienvenida, deleitándose con el sabor de la sangre dulce de los turistas. El toldillo de la cama de la Felina apestaba, y ella procuraba respirar por la boca para evadir la fetidez, aprovechaba la vigilia para reflexionar acerca de su futuro y de su estabilidad; se preguntaba, una y otra vez, por qué el destino la había puesto en ese lugar tan distante y agreste.

La Felina tenía una familia numerosa, cuyos miembros se habían radicado en diferentes lugares del país. Su padre era un reconocido político, miembro de una dinastía de antioqueños que llegaron a colonizar una zona en el sur del país. Era uno de los sitios con mayor influencia guerrillera, dadas sus condiciones selváticas, sus inmensos ríos y frondosas riveras, su cercanía con el Amazonas colombiano. Era un ser apasionado por las letras, sus padres le inculcaron el amor por la literatura, la lúdica y la locución. Era tan brillante en sus planteamientos que, aunque joven, tenía un espacio político en la región. Era el hombre «sabrosón», su picardía lograba cautivar a las incautas que se derretían ante sus versos improvisados. Sus ojos color café relucían por su belleza y luminosidad. Siempre estaba pensando, actuando o bailando.

Era feliz, locuaz, elemental y a la vez complejo y, aunque su anarquía le impidió tener un solo amor en su vida, era un hombre con un sentido de sensibilidad impresionante. Era una criatura solidaria que iba por campos y veredas echándose al hombro los problemas de los demás, sin medir las consecuencias de sus actos. Conocía la zona como su vida misma, recorría los sitios más remotos llevando el pan y las letras a los más necesitados. Ultraderechista de pensamiento pausado, toda la población lo conocía por ser el periodista al que los gobernantes temían por las posiciones radicales, que asumía en su emisora. Lamentablemente, la influencia que tuvieron sus alocuciones llamó la atención de los miembros de la guerrilla, quienes asesinaron al hombre que, en la mitad de su vida, todavía tenía sueños y esperanzas. La guerrilla no soportó su clara posición política, ni su rechazo a sus actos vandálicos y robos al estado.

Un día, muy temprano en la mañana, cuando se preparaba para sus labores diarias, tocó a la puerta un hombre que se hizo pasar por policía. Su secretario y mejor amigo atendió al extraño, que preguntaba por el «Locutor Loco», como lo llamaban cariñosamente los lugareños, por su hiperactividad y humor mordaz. Antes de que preguntara para qué lo necesitaban, una ráfaga se escuchó, las balas segaron su existencia. Su hijito, de 10 años, presenció todo el suceso y se lanzó sobre el cuerpo. Solamente hasta que llegó la policía se levantó, mudo, con su cuerpo empapado con la sangre de su padre. Esta situación le produjo un trauma mental de por vida que le imposibilitó hablar. La Felina, víctima finalmente reconoció que sus camaradas fueron los que asesinaron vilmente a su padre. Más tarde, también provocaría el éxodo de su familia nuclear a un país extraño.

Ella conocía un poco esa zona selvática, porque su abuelo materno tenía una finca en la región, que era lo más aproximado al paraíso: sus enormes llanuras, sus árboles gigantes, que guardaban historias de amores robados y sus apabullantes ríos, enclavados en un paisaje maravilloso, de aguas diáfanas y tranquilas como sus mismos habitantes, y con gran cantidad de especies de peces que eran aprovechados por los pobladores. Frecuentemente hacían parrilladas con bocachico asado, yuca y plátano, plato típico de la zona. También comían el muy reconocido sancocho, una sopa mezcla de yuca, plátano y pescado o carne, otras veces con queso, que es una delicia gastronómica colombiana. La riqueza natural de La Conchita, nombre celebre de la finca en honor a su matrona, es única, solamente comparable con el jardín de las delicias, sitio especial que nos dejó el Señor de Señores para que viviéramos y nos maravillamos con su presencia.

La Felina frecuentaba ese lugar cuando era apenas una niña. Le encantaba su abuela, su sabiduría, su especial sentido del humor, las fantásticas noches de luna llena cuando les contaba historias de la manigua. En las mañanas, despertarse con las aves, el ruido estridente que dejaban a su paso los trabajadores, el lamento del animal que estaban sacrificando. Sus moradores, muchos de ellos provenientes de la zona cafetera, eran trabajadores de las fincas de los terratenientes que los trataban como a miembros de su familia, los proveían generosamente y la mayoría de ellos se quedaba en esos lugares hasta que, por su avanzada edad, la muerte los acogía.

La Felina recordaba cuando su abuela le ofrecía una arepa redondita y calientica, mientras escuchaba el bramar de los terneros buscando a sus madres. Las mariposas, desde entonces le daban el toque especial al lugar con su inmenso colorido. Los turpiales trinaban e inundaban los oídos de sus habitantes, anunciando los buenos días a los moradores del lugar. Entonces, la abuela, sabia mujer del campo, se integraba al coro armónico de los animales y cantaba una canción de cuna, para, sin saberlo, dejarnos una huella indeleble que se registra en nuestra existencia hasta el fin de nuestros días.

También avistó en sus recuerdos los atardeceres en los que ella solía ver, asomándose por las montañas y arribando en fila al grupo clandestino para el cual ahora trabajaba. Su abuela les preparaba limonada, para que se fueran rápido. Otras veces, ellos exigían que les dieran una novilla, porque tenían hambre. Eran esos los tiempos en que los finqueros de la zona apoyaban a la guerrilla, porque había una relación de ayuda recíproca en un sitio remoto, abandonado totalmente por el Estado. Aunque esa relación ilícita era una tortura para los finqueros, por lo demás, no tenían más remedio que aceptar el apoyo del grupo subversivo, que los protegía de los malhechores que robaban frecuentemente su ganado y enseres. Así se constituyó el nicho de hombres que querían tomarse la ley por sus propias manos. Si una mujer se quejaba de maltrato físico por parte de su marido, los camaradas del grupo guerrillero le enviaban mensajes como: «Deje de pegarle a su esposa o se las arregla con nosotros, se lo haremos entender, aunque sea a golpes o con la muerte, para que aprenda a respetar a las mujeres».

Asimismo, el problema entre fincas por el ganado que se perdía o se robaban, tenía un garante, no era un juez de la República, quien probablemente legitimaría la decisión de acuerdo con las normas establecidas para tal fin; no señor, era el camarada de más alto rango que hacía las veces de árbitro, quien arreglaba, por las buenas, con los baqueanos, so pena de quitarles todo lo que tenían y, así, engrosar las arcas millonarias del grupo guerrillero. La abuela, Conchita, cuya sapiencia y alto sentido de discernimiento marcaron la memoria de sus descendientes, contaba historias a sus nietos cuando la visitaban. Una noche en la que la luna decidió olvidarse de los habitantes de ese remoto vecindario, y la oscuridad prevalecía entre las innumerables velas que ella desesperadamente encendía, la abuela, dictadora innata, dio una orden perentoria:

—¡A la cama todo el mundo!

—Abuela, es muy temprano, son las siete de la noche —replicaron los niños en coro.

—¿Es temprano para qué? En las ciudades, ustedes comen como caballos y duermen como osos, en estos pueblos comemos como pájaros, trabajamos como bestias y dormimos lo suficiente para estar en pie a las tres de la mañana, ordeñar las vacas, cuidar los pastos y regar las plantas —sentenció, su voz firme y su mirada severa, determinada a negar la solicitud de sus amados nietos.

Los niños se reían sin parar de las ocurrencias de la abuelita, y en los ojos de la matrona, se delataba el temor de una mujer que estaba sola con seis niños y que enfrentaba a la oscuridad con valentía, o por lo menos presumía hacerlo.

Esa noche, el abuelo, Vicente, había tenido que ausentarse porque un ternero había quedado atrapado en un pantano y los vecinos se fueron a rescatarlo. Los abuelos dejaron un legado de valentía, trabajo, pero, sobre todo, de amor. Eran inseparables, Conchita alimentaba las miradas un tanto obscenas del abuelo Vicente, cuya sonrisa maliciosa delataba los pensamientos calenturientos del hombre alto, robusto, medio calvo y con unos intensos y bellos ojos azules que hablaban por sí solos.

La noche anunciaba que iba a ser más larga que de costumbre. Entre tanto, la abuelita cantaba como alabando al Eterno, cuando de repente, un intenso gemido de mujer adolorida penetró el lugar, dejando a su paso un silencio absoluto. En medio de la oscuridad, las risas que no paraban se desmoronaron, los niños se escondieron bajo las cobijas, inmóviles. La sensación de indefensión los invadió casi a morir. No escuchaban a Conchita, y era extraño, porque era una mujer tan valiente que siempre estaba ahí para darles esa fuerza sobrenatural que solamente los abuelos pueden brindar. Después de unos cuantos minutos, que se sintieron como una eternidad, por fin la abuela se movió y, pasando revista como un general en servicio, se aseguró de que todos estaban bien. Cuando trataban de dormirse otra vez, los niños volvieron a sentir el ruido desgarrador y esa indescriptible percepción de muerte inminente pero el ser humano se acostumbra a los acontecimientos trágicos y en esa oportunidad se adaptaron morbosamente a la extraña situación.

Al amanecer, cuando el sol hacía gloriosamente su aparición se oía el trajinar de los terneros y el ladrido de los perros. Algunas mujeres ayudaban a la abuela a recoger la leche y a elaborar el queso fresco. El agua de panela era un alimento obligatorio para los niños en crecimiento, por su alto valor nutricional, se repartía al levantarse. Las mulas rezongonas cargaban la caña de azúcar que cortaban los trabajadores, machete en mano, que después es molida en el trapiche para obtener el guarapo. Luego, el extracto se cocina para hacer el melado, base para hacer la panela, que habitualmente se consume en las casas humildes, como una infusión caliente, o como endulzante.

Cuando la Felina se levantó, la abuela ya había hecho el desayuno, con arepa y queso recién preparado, una delicia. Incluso los bizcochos de achira estaban listos antes de que el sol hiciera su aparición tras la montaña; la casa se cubría con un fresco y delicioso aroma. El horno de leña estaba caliente y ahí moraban estos apetecibles y pequeños panecillos, que eran la sensación de los niños a la hora del desayuno. La Felina se sentó en la esquina de la mesa y no pudo evitar traer a colación los eventos de la noche anterior.

—Abuelita, ¿qué pasó anoche?, ¿por qué sentimos ese ruido? —preguntó con mirada curiosa e inocente.

—Los sitios tienen dolientes y, aunque las personas se van de este mundo, sus recuerdos deambulan en la noche, mostrando la rabia de no poder tener otra oportunidad para romper la iniquidad, y volver al juicio final con balance cero para disfrutar la presencia del Creador por siempre.

A pesar de que la niña no había entendido su discurso del todo, dedujo que algo inusual había pasado esa noche. Después de pensar en la ternura y sabiduría de la abuela Concha, la Felina volvió a la realidad. Reaccionó de inmediato y justificó todo su sacrificio por la causa justa, la lucha por defender a la gente menos favorecida. Aprovechaba también esos largos espacios de espera para leer acerca del empiriocriticismo, una de las corrientes filosóficas, positivista que pasa por el hecho de que el mundo no se concibe sin el sujeto, que le da sentido y conciencia. Le interesaba igualmente la hermenéutica, cuyo arte era traducir, explicar textos filosóficos, artísticos o bíblicos. También leía El *Capital*, cuyo postulado principal es, la intervención del estado en el mercado y la abolición de la propiedad privada para individuos y sociedades, propendiendo por una economía central. Desde muy niña, la Felina tuvo una gran pasión por la literatura; era su entretenimiento más valorado, más preciado. Amaba la literatura latinoamericana, esta que sería una de las inspiradoras de su vida, quien dejó su amor por la lingüística y su entrega absoluta a la escritura, estos dos talentos que se convirtieron en su imprescindible forma de vida.

Esa tarde, con una puntualidad férrea, se subió en una canoa y viajó dos horas por el río Caguán. El viaje, entre sus extensas aguas y su enorme caudal, no era apacible y el río, con sus constantes oleajes, revolvía el interior de la pobre Felina, cuyo débil cuerpo se defendía vomitando hasta lo que no había comido. Sus acompañantes le tapaban la cabeza con una toalla para aliviar su malestar y, además, para poder soportar el terrible espectáculo de verla en ese lamentable estado. Mientras ella trataba de soportar las lides del viaje, la irreprensible brisa del lugar movía con ímpetu la pequeña embarcación que por momentos parecía desmoronarse, debido al movimiento del agreste viento que por instantes robaba la calma de los viajeros y los exponía a todo tipo de temores. El sonido de la selva hacía su aparición con alaridos estridentes cuyo eco quedaba registrado en la memoria de los visitantes. Los animales de toda especie llenaban de ilusión y de nostalgia la vida de la Felina que aun en su estado calamitoso podía escuchar el sonsonete de las guacamayas de intensos colores, en su lucha por ganarse un espacio en la enorme jungla en la que otros seres vivos se disputaban su territorio con todo furor y convencimiento.

La Felina trataba de distraerse avistando a través del agua diáfana del hermoso río, las maravillosas especies de peces de todos los colores que en compañía de los caimanes babilla, y las torturas charapa, hacían un paisaje solamente visto en este lugar lejano y lograban captar su atención, esta que era solamente interrumpida con la presencia de un grupo de chigüiros que acompañaban con su complicidad a los temerosos viajeros, todos ellos, anonadados observaban la belleza e inteligencia de estos mamíferos, que en camada protegían su vida de los depredadores que merodeaban el lugar con la terca insistencia de acabar con una de las especies exóticas más interesantes de la selva.

Eran días de intensa actividad en donde la belleza del paisaje se mezclaba con el miedo de ser capturados en algún momento por los militares que custodiaban la zona, y que abruptamente hacían presencia en el río tratando de encontrar algo extraordinario que interrumpiera el cauce natural de las aguas tormentosas pero cristalinas del paradisíaco lugar. La Felina observaba a lo lejos en la inmensa lejanía la majestuosidad de la naturaleza, en ese imbricado follaje de verdes que exponían abiertamente el privilegio ambiental de la zona, que se empeñaba en sobrevivir pese al acoso inmisericorde de los humanos, que interesados en hacer negocio procuraban destruir el bosque y cercenarlo con sus ansias enfermizas de ganancia.

Entre los compañeros guerrilleros que viajaban con la Felina había un indígena Huitoto que aún andaba a la usanza tradicional: con taparrabo y con la cara pintada.

Eran pobladores del Amazonas que tenían un extenso territorio en el que vivían sus esposas y niños, amparados en la provisión de la naturaleza y la labor del campo. Tenían lo suficiente para vivir cómodamente, la tranquilidad para gozar de ese terruño lleno de paz y de armonía del que el indio nunca debió salir. Hasta allá llegó la gesta libertaria de los guerrilleros quienes, con múltiples promesas y engaños, lograron enganchar un grupo de personas de estas etnias, que, además, hablaban un mal español.

Orgulloso de su raza, alias el Indio hacía alusión a sus ancestros y protegía su vida de los intrusos. Era celoso de su cultura, de su arraigo; no permitía que se hablara mal de su tribu. Cantaba lamentos en su lengua materna que acongojaba a los demás, los hermanaba, los unía étnicamente, los hacía partícipes del dolor de su pueblo, tan severamente golpeado. Muchos de los mitos y costumbres Huitoto estaban relacionados con la importancia que le daban al sol, poder superior que los protegía y los guardaba. Tenían también una meridiana sabiduría sobre los remedios que la selva producía para curar todo tipo de enfermedades.

Todos estaban concentrados con la historia de este hombre, cuando de repente la Felina dio un aullido porque un extraño animal había mordido su cuello. El Indio se abalanzó sobre ella y le retiró, con especial cuidado, la sanguijuela que la había mordido, acto seguido pronunció una oración, mirando al sol. La Felina deseaba acabar esa pesadilla en la que se sentía asfixiada.

—¿Por qué rezaste de esa manera? —preguntó la Felina, aún desorientada por la sórdida experiencia vivida.

—Porque si no lo hubiera hecho, te enamorarás perdidamente de uno de nuestros indígenas, y no saldrás nunca de la selva —replicó el Indio, misteriosamente.

Los indígenas conocen de tal manera la diversidad de seres vivos que habitan en la manigua, que asocian ciertos comportamientos de los animales con las reacciones que su contacto produce en los humanos. Todos los camaradas se rieron de sus supersticiones, imaginando a la Felina casada con un hombre de taparrabo, pero la cara del Indio no cambió y ellos asumieron que lo que hablaba era verdad. El pueblo Huitoto tiene su propio gobierno y sistema judicial; no los cobijan las mismas leyes de los «mestizos», como les decía él a los extraños. Es realmente difícil que una persona ajena a sus costumbres sea aceptada en su comunidad, porque la consideran automáticamente como una intrusa. Por eso, las parejas mixtas son un problema, los indígenas no la reciben bien, ya que consideran que es una traición a la preservación de su especie.

El trayecto del viaje no fue nada placentero, la Felina durmió hasta que arribó al puerto. Cuando despertó, sus expresivos ojos color café estaban irritados y sus ojeras le revelaban el cansancio de esas dos interminables horas de viaje. Estaba exhausta, pero, lamentablemente, por su seguridad y la de los demás compañeros, su itinerario debía seguir. Los caballos esperaban en una zona custodiada por baquianos de la región, todo preparado y al servicio de los guerrilleros.

En el puerto, se desarrollaba un aparente y natural día de mercado en una mañana de sábado: los hombres cargaban bultos; la música de carrilera escupía agresividad y desconsuelo; las mujeres corrían cargando sus hijos para alcanzar la canoa que las llevaría a sus remotos hogares tras comprar los víveres para la semana; los militares hacían guardia como robots; y un puñado de hombres se aseguraba de garantizar el éxito de la misión. Cuando llegaba al puerto un extraño que pretendía ser turista, todos sabían que algo estaba pasando, pero simulaban lo contrario. Los hombres, silenciosamente, lo protegían hasta que lo despachaban del lugar para que llegara a su destino. Era una logística especial para no despertar sospechas entre los chulos de turno; así podían ingresar a la selva lo más pronto posible y evitaban que la noche se hiciera más larga, y que el riesgo de ser emboscados por el enemigo fuera una realidad.

En su haber, la Felina llevaba armas de corto alcance, varios revólveres con sus municiones y cargadores, pistolas, granadas, entre otros. Estaban camuflados en sus enseres personales y en el galápago del caballo. La orden del comandante del frente era disparar si alguien se acercaba a revisarlos. También llevaban consigo 20 millones de pesos que le enviaban al «camarada» Ernesto, quien había ingresado a la guerrilla muy joven y, a sus 56 años era miembro del comité central de la guerrilla. Era un hombre beligerante, de voz retumbante, que usaba una toalla en su cuello y unas botas pantaneras que daban la impresión de que le quedaban grandes, por su pequeña estatura. Su lenguaje precario revelaba poca escolaridad; hablaba de Marxismo Leninismo como si le hubieran inyectado esa medicina ideológica en sus propias venas. Era radical, temerario y acelerado. Le fascinaba que la Felina le cantara la música que se importaba de diferentes partes de Latinoamérica: Pablo Milanés, la negra Sosa o Silvio Rodríguez, hacían parte del repertorio que la Felina y su amigo José ofrecían a los guerrilleros.

En el monte, regalos como maquillaje o toallas higiénicas se apreciaban como un diamante. En esos inhóspitos lugares, para una mujer de ciudad, conseguir una toalla era una odisea. El maquillaje, a las combatientes, les brindaba la oportunidad de lucir hermosas, a lo mejor para incitar los instintos carnales del pelotón que encontraba en esas mujeres el motivo para perder la razón. Se despojaban por un momento del odio para lo que habían sido entrenados y amaban intensamente, en la oscuridad de la manigua, donde el sonido del silencio permitía escuchar el coro rimbombante de los quejidos del corazón de los hacedores temporales del amor.

La única luz que quedaba en el firmamento eran las estrellas, cómplices de los rituales mundanos en aquellos parajes. También llevaba la Felina un sin número de fotos de eventos patrióticos, en los que muchos integrantes de partidos de izquierda posaban con los camaradas, con fusiles. Sin embargo, este contubernio nunca se reconocería, por cuanto podrían ser tipificados como relaciones ilícitas. Las fotos debían enterrarse después de que cada uno de los comandantes a quienes iban dirigidas las hubiera visto. Cuando se tomaran el poder, serían registrados en los anales de la historia como los grandes «hombres de la patria» que sacrificaron su vida en la manigua, para garantizar al pueblo una Colombia mejor, porque para ellos, el que lucha existe, y el que hace historia será reconocido.

Las horas pasaban lentamente mientras ellos dejaban atrás la civilización para adentrarse en la humedad de la selva; su recorrido sería de 10 horas monte adentro. Esa noche, llovía como si la naturaleza hubiera decidido desleír el paisaje. En la mitad de su trayecto, y ya pasada la medianoche, se detuvieron a descansar en un campo llano con muchos árboles alrededor. Armaron el cambuche, un improvisado refugio en el que cada hamaca debía quedar entre dos árboles grandes y poblados para evitar que los aviones fantasmas del ejército los detectaran. Dos guerrilleros hacían guardia, y cambiaban cada dos horas, exceptuando a las personas auxiliadoras, como la Felina.

Mientras Humberto hacía guardia y leía un poema de Pablo Neruda, con la ayuda de una linterna vieja, su sentido de preservación le hizo saber que algo se acercaba al improvisado campamento. Esa habilidad para identificar personas o cosas en el monte se adquiere a través de los olores y sonidos que delatan la presencia con la experiencia, los que merodean alrededor. Humberto caminó en la oscuridad hasta tocar un lazo que sujetaba y conectaba cada una de las hamacas amarradas a los árboles. Sus camaradas estuvieron alerta al primer llamado cuando el avión hizo su aparición, todos estaban abrazados entre sí, alrededor de un frondoso árbol, sin mover ni un dedo, hasta que el jefe de la misión lo autorizara. Evitaban ser detectados, en su posición estrictamente vertical y recostados a cada árbol.

Antes de irse a dormir, todos estaban obligados a ponerse un delantal plástico alrededor de sus cuerpos, para evitar el sensor de calor que poseen los aviones fantasmas. El peligro era inminente: si cualquier persona fallaba, el avión los detectaría. Pero estos hombres tenían un entrenamiento de mercenarios, además las lides de la guerra los habían convertido en curtidos exploradores. Recorrían los caminos a campo traviesa, para avanzar y para evitar sonidos y la presencia de intrusos en el lugar.

Empezaba otro día, y el camino parecía interminable. Sin embargo, era gratificante escuchar las aves, camufladas en medio de las heliconias y orquídeas, caminar a través de los altos pastizales, eso sí, con la esperanza de que los depredadores no estuvieran al acecho. Llegaron a las ocho de la mañana, casi muertos—o por lo menos la Felina— al lugar tan ansiosamente anhelado. El campamento contaba con un cinturón de seguridad ubicado a sesenta minutos. Para ingresar, los visitantes tenían que identificarse con un santo y seña. Nunca indagaban por sus nombres, al preguntar debían contestar con una frase que contenía la clave para reconocerlos.

—¿Qué día es?

—El pájaro está cantando —respondieron ellos a la pregunta.

Así sucesivamente, se iba despejando el paso a los forasteros. Después de caminar diez minutos más, tuvieron un nuevo control guerrillero, que atravesaron sin ningún problema. Los estaba esperando un comandante, que les dio la bienvenida con saludos militares y los invitó a descansar en sus cambuches y a esperar hasta la mañana siguiente para hablar con el comandante en jefe. A José y a la Felina les dieron hospedaje en la casa de los jefes de la guerrilla, ya que ellos eran invitados especiales. La Felina tenía una percepción única, si enfrentaba algún peligro, salía ilesa por su explosiva sagacidad. Por eso, en sus trabajos de inteligencia nunca fallaba; no importaba el riesgo al que estaba expuesta, siempre lograba el objetivo. El día después de su descanso, la Felina se levantó ante la llamada militar, a las cinco de la mañana, y entregó a sus camaradas los paquetes, el material de guerra, los elementos de aseo para las guerrilleras y las fotos que insistió deberían enterrar de acuerdo con las instrucciones del camarada Marcos.

La Felina, envuelta en su vestido de guerra y sus botas pantaneras, escuchó instrucciones y esperó paciente las reuniones de los «grandes jefes». Muchas veces, la Felina visitaba los frentes y se exponía, no solo a la inseguridad militar, sino a la voracidad de la selva, que no respetaba posición, fuero o descendencia. La jungla era dura para todos, especialmente para los foráneos que, la mayoría de las veces, se sentían asfixiados en la espesura de la manigua. Incluso, al principio, las personas tenían problemas para respirar por su extrema humedad. La Felina amaba la naturaleza de los ríos y aprovechaba su fuero interno para bañarse desnuda, en la oscuridad, donde ningún intruso podía ver su cuerpo.

Un día normal en un frente de la guerrilla pasaba muy lento. La jornada empezaba en la madrugada, cuando se escuchaba el sonido rechinante de las tapas de las ollas que se usaban como alarma para llamar a los combatientes; nadie podía estar en la zona del cambuche después de las cinco de la mañana. Se cantaba la *internacional comunista*, y el camarada al mando empezaba su discurso dando avances de sus operaciones más recientes, de los frutos de las actividades en las ciudades, de la colaboración de muchos personajes de la vida nacional. Ese día, presentó a los cuatro camaradas que llegaban de otra región como los compañeros a los que el grupo subversivo valoraba con especial afecto por su entrega y dedicación. Posteriormente, se daba la agenda del día; los visitantes participaban en cada comisión, particularmente en las de educación, ya que aprovechaban los universitarios que hacían presencia en el frente y que ayudarían a los guerrilleros rasos a recibir un tipo específico de entrenamiento.

Duraron 8 días en el frente, en los que educaron también a las guerrilleras acerca de las diferentes formas de lucha e inteligencia militar. Acompañada de José, en las tardes ofrecían unas tertulias en que participaban todos los integrantes del frente; eran fiestas que duraban hasta altas horas de la noche y solamente los guardias de los anillos de seguridad estaban ausentes. El campamento estaba diseñado de acuerdo con los delineamientos guerrilleros, la primera casa que se visualizaba había sido fabricada en madera, algo muy común en la región. La ocupaba el jefe del frente, quien, junto a su familia, era el único en disfrutar las mieles de la comodidad. Su esposa, una guerrillera activa, era quien hacía las veces de secretaria, y sus hijos menores de edad jugaban en la zona con los otros niños, resultado de las relaciones amorosas entre guerrilleros que integraban el frente. Se cantaban canciones alusivas al comunismo, estos seres crecieron escuchando Marxismo-Leninismo y, en consecuencia, el odio y el resentimiento penetraron sus vidas; eran adoctrinados para ser los líderes y guerrilleros del futuro.

Los visitantes, como la Felina, comían y dormían en la casa del camarada en jefe. Una noche, por su inmensa curiosidad, la Felina se preguntó cómo sería dormir en un cambuche con 60 personas alrededor, pero el camarada no se lo permitió y le dijo que esa liberalidad era un acto de indisciplina que no dejaría pasar sin castigo. Ante la amenaza, ella rechazó la idea y se devolvió a la casa, para no tener problemas durante su estadía en el frente. La casa, no muy grande en extensión, contaba con tres habitaciones, cada una de ellas con un camarote. Tenía una sala pequeña y una cocina, con salida hacia la parte trasera de la casa y desde donde se podía observar la zona de cambuches y de entrenamiento militar. Se había improvisado un comedor grande en donde podían sentar a unos cincuenta guerrilleros al momento de las comidas, o cuando se hacían reuniones convocadas siempre por el jefe del frente. Su esposa preparaba la comida de la familia, y los guerrilleros rasos hacían la suya en el fogón de leña, usando unas ollas gigantes. La mayoría de las veces, cazaban animales, otras, se los robaban de las fincas vecinas. La comida tenía el olor a leña, el arroz no faltaba y el agua de panela era el postre que les daba la energía necesaria para iniciar otra batalla.

El secretariado del frente estaba integrado por el comandante, su asistente y un médico o un enfermero encargado de controlar las infecciones y las enfermedades de los integrantes del grupo guerrillero. Se bañaban en el río en grupos de a diez, aprovechando el momento para nadar y sentirse libres, aunque la estadía en este paradisíaco lugar no podía ser mayor que 10 minutos. La Felina frecuentaba el río al atardecer y disfrutaba de las aguas y el paisaje, como si fuera una terapia. Entrada la noche, las guerrilleras se alistaban para asistir a los mini-conciertos que los visitantes tenían preparados para deleitar a todos los miembros del grupo y alejar sus pensamientos, aunque fuera por un instante, de las lides de la guerra. Así pasó sus días en el frente guerrillero: cantando, enseñando, discutiendo, aprendiendo y disfrutando de la naturaleza, que nunca olvidaría por el resto de sus días.

# Capítulo 6. Regreso a casa desde el frente

De regreso a casa, la Felina volvió a experimentar el radiante atardecer que transformaba los caminos de la amazonia y los cánticos que invadían la enorme selva y le daban un especial sentido a sus emociones. Siempre que volvía a casa, de las innumerables veces que iba y regresaba de las montañas de Colombia, percibía que el viaje era más corto y más liviano, por la costumbre y la certeza de volver siempre al hogar. Era mayor el deseo de sentir nuevamente la civilización, experimentar la presencia de sus amigos, su familia y la de Emmanuel, el ser que amaba profundamente. Ajena a lo que sucedía en su hogar, La Felina anhelaba disfrutar de la comodidad de su cama y de su comida habitual. Ya en la casa, encontró a su novio, Emmanuel, que, visiblemente enojado, le cuestionaba sus constantes desapariciones y las excusas, que cada día eran menos creíbles. Fue una noche muy tormentosa para ella, como quiera que tuvo que contestar un sinfín de preguntas.

—¿Dónde has estado todo este tiempo, Felina? —preguntaba Emmanuel a su enamorada.

—Discúlpame, no tuvimos tiempo de avisarte que nos invitaron, a José, y a mí a cantar a un pueblo. Todo fue tan rápido que salimos de afán para poder llegar oportunamente a cumplir el compromiso —replicó la Felina, algo avergonzada.

—Bueno y, ¿por qué no me llevaron si prometimos que siempre viajaríamos a esas presentaciones juntos? Es muy extraño todo esto, te desapareces de la noche a la mañana y después me entero de que estás sola con José en un concierto; lo que dices no tiene sentido.

Emmanuel quería, de una vez por todas, saber cuál era la causa de las constantes ausencias de su novia. Por más que ella le diera explicaciones, él no quedaba satisfecho. Sentía que había algún pedazo de la historia que él desconocía, y no descansaría hasta conocerla. Su desaparición de 8 días había causado todo tipo de comentarios entre sus compañeros de la universidad, su familia y el mismo Emmanuel que, aun desconociendo la realidad, presentía que estaba metida en algún problema. Motivada por el amor que sentía por este hombre de conducta intachable y por su temor a perderlo, se había limitado a mantener en secreto sus actividades subversivas. Emmanuel desconocía por completo las andanzas de su novia. Las sospechas empeoraron una noche oscura, silenciosa y fría, cuando Emmanuel volvía a su casa después de visitar a su enamorada. Un hombre, enfundado en una chaqueta negra y lentes oscuros, atravesó con su motocicleta de alto cilindraje el camino de Emmanuel.

—¿Qué pretende con Mila? —preguntó el desconocido, con tono intimidante— ¿No sabe quién es ella?

—No, no sé de qué me habla —respondió Emmanuel, desconcertado—, no conozco a nadie con ese nombre.

Luis, el médico y segundo al mando del frente, estaba enamorado de la Felina. Tanta era su obsesión con ella que en ocasiones se convertía en un ser amargado y perverso.

—¿No?, ¿no conoce a la Pelusa? —Luis parecía perder la paciencia.

—No, estoy seguro.

Emmanuel hizo énfasis en su respuesta, mientras todo su ser se desmoronaba del terror que estaba sintiendo. Pese al difícil momento que le había producido este desconocido, intentaba controlar sus emociones y mantener la tranquilidad.

—¿No la conoce? Acaba de salir de su casa e insiste en que no sabe de qué le hablo, ¿cierto?

La abrupta revelación dejó a Emmanuel sin palabras. Intentaba recuperarse de la sorpresa, cuando el hombre volvió a hablar:

—No la vuelva a frecuentar —enfatizó agresivamente Luis. Para Emmanuel, un hombre pacífico y bueno, era traumático escuchar ese desagradable discurso, pero lo hizo de manera calmada. —. Soy un comandante de la guerrilla y si lo vuelvo a ver con ella, lo mato.

La Felina dormía apaciblemente, no era consciente de la gravedad de lo que estaba sucediendo en esa noche aparentemente tranquila. Al día siguiente, se encontró con Emmanuel en el ensayo del grupo musical. Cuando terminaron, la Felina notó que algo andaba mal con él, porque no la saludó como de costumbre.

—Hola, Emmanuel, ¿cómo estás? —dijo ella. Él permaneció en silencio—. ¿Por qué estás enojado?, ¿qué te pasa?

—¿Cómo prefieres que te llame?, ¿Mila?, ¿Pelusa? —Respondió él, con sarcasmo—, o mejor, dame otro alias, que yo te llamaré por el que más te guste.

La Felina palideció y, sintiendo que estaba perdida, salió del salón de ensayo y le echó un vistazo a su guardaespaldas, quien ya sabía lo que había sucedido entre Luis y Emmanuel, por su estrecha relación con Luis. Asintió con la cabeza y le confirmó a la Felina que Emmanuel lo sabía todo. Ella volvió entonces con su enamorado, sin saber exactamente cómo abordarlo. «¿Cómo supo de mis andanzas?», pensaba la Felina. «No tengo cara para mirarlo a los ojos». Se volvió hacia al director que estaba afinando las guitarras y abruptamente lo interrumpió, aunque ella sabía que como integrante del grupo no le era permitido hacer ese tipo de cosas durante el ensayo.

—José, ¿qué ha pasado? —Le preguntó. Emmanuel sabe todo, que me llaman Mila, que también me dicen Pelusa… ¿Por qué?, ¿sabes algo de eso? esto es grave, qué tal si él nos delata, hoy mismo estaríamos presos. —Su mirada reflejaba la angustia que la invadía en esos momentos.

—Tranquila, aceptó molesto por la interrupción, no cometas más errores cuestionando a Emmanuel, déjamelo a mí —. Yo lo manejaré, la vida sigue y el ensayo también. Además, Emmanuel es un hombre bueno; no va a pasar nada, te lo prometo.

La Felina siguió las instrucciones de quien consideraba su hermano y no habló más con Emmanuel. Con su corazón adolorido, visitó a José esa misma noche en su casa y le manifestó su dolor y su rabia por el incidente tan desagradable del que había sido víctima. No podía entender por qué querían separarla de la persona que ella amaba y la única que, para ella, valía realmente la pena. José, que tenía mucho afecto por su compañera de música y de militancia política, aceptó intervenir en la difícil situación.

—Hablaré con el jefe del frente para que reprenda a Luis. Vamos a ver si podemos cancelar la orden que pone en peligro a Emmanuel —prometió con un suspiro—. Este apasionamiento de Luis nos ha puesto en peligro —añadió, su voz reflejaba molestia—. Estos actos inconsultos están absolutamente prohibidos.

La Felina decidió ausentarse de los ensayos por dos semanas, en las que José prometió hacer un «mercadeo afectivo» con su enojado galán. José le explicó la situación, poco a poco, a Emmanuel, discutían acerca de la Felina y lo valiosa que la consideraban. Incluso, José lo incitó a componer una canción para ella; encantado, Emmanuel aceptó. Días después, el enamorado hombre no podía esconder su alegría cuando por fin la volvió a ver; su mirada estaba concentrada en ella y su corazón latía con más fuerza.

—Hola, Emmanuel, ¿cómo estás? —saludó la Felina, una vez hubo terminado el ensayo tras su larga separación.

—Bien, ¿y vos? —musitó él fríamente, tratando de esconder sus sentimientos hacia ella.

—Ven, vamos a tomarnos un jugo por aquí cerca. —sugirió la Felina —. ¿Podemos hablar?

—¿Qué tan difícil es aceptar esta invitación? Estar con vos en cualquier lugar es muy peligroso para mí; ¿me van a matar porque estamos juntos otra vez? ¿Y qué tal el «saca micas» que te sigue a todo momento? ¿Van a reportar que no cumplí la orden de ese matón? —inquirió Emmanuel, molesto por el grave suceso del que había sido víctima.

—Tengo que decirte la verdad, Emmanuel: yo tengo una doble vida —respondió.

Su corazón latía dentro de su pecho y en un ataque de honestidad decidió contarle todo, desde cómo inició toda esta locura, hasta su última experiencia en la selva. Habló también acerca de sus compañeros, aunque no le reveló que José trabajaba con ella.

—Siempre estoy disponible, por eso suelo irme sin avisar; nunca sé cuánto tiempo tomará exactamente una misión, solo sé que tengo entrenamiento y que puedo hacerlo.

Cerró los ojos, sabía lo que vendría a continuación, y era consciente, además, que este incidente marcaría un nuevo punto de partida en su relación.

—Es tu elección, si quieres dejarme o seguir con esto, yo voy a respetar lo que decidas —añadió ella, expresando con su triste mirada la amargura que esta situación producía en su corazón.

—Estoy cansado y tengo miedo de lo que acabo de escuchar —respondió, tras un prolongado silencio—. Esta historia me ha agotado y, ante este engaño tan cruel y despiadado, quiero tomarme un tiempo para decidir si la relación continúa o no. Ya te avisaré...

La Felina frunció el ceño y emitió un pequeño gemido como presagio de que todo había terminado.

—Me voy a mi casa, en otra oportunidad hablaremos del asunto —contestó Emmanuel.

Su estado de agonía lo delataba su cara ante el riesgo de perder a Emmanuel; decidió no insistir ni preguntar por un largo período de tiempo, quería darle espacio para que pudiera determinar su destino sin ninguna presión que sesgara esta importante decisión.

Pasaron dos meses en los que la Felina y Emmanuel se veían en los ensayos y en las presentaciones como compañeros de grupo, pero nada más; escasamente se saludaban. El grupo musical tenía planeado hacer una excursión a un asentamiento indígena de una zona alejada, para explorar las raíces semiológicas del folclor de los nativos. La Felina dudó en viajar porque no quería incomodar a su querido Emmanuel. José, sin conocer realmente la angustia de la mujer, le exigió dejar sus problemas personales en casa y actuar como una profesional. Él no iba a permitir que ella se perdiera el viaje por algo que, en su opinión, había sido resuelto oportunamente. Lamentablemente, José tampoco sabía que la Felina había padecido en la soledad de su cuarto el dolor de estar alejada de su amado novio, no tenía idea que su compañera de andanzas había llorado días enteros, ni que la tristeza era su imprescindible aliada porque reconocía que el infortunio había tocado las puertas de su atribulado corazón, él solo pensaba que ella debía seguir la disciplina y las reglas del grupo. Para él, lo que valía era el bien colectivo, sin entender que cada parte de ese colectivo piensa, llora y que necesita suplir unas necesidades básicas de afecto y de comprensión.

Los otros compañeros del grupo musical, ajenos a las actividades de José y de la Felina, le insistieron para que fuera porque, adicionalmente, se iban a tomar una fotografía promocional del grupo y todos deberían asistir. El día de viaje, la Felina llegó un poco avergonzada porque todos sabían que ella y Emmanuel habían tenido una relación, pero que ahora estaban distanciados. Viajaron seis horas y ofrecieron conciertos a un grupo de colegios de esa parte del país. Tan pronto arribaron al pueblo, un municipio en medio de mesetas idílicas, salieron corriendo del bus para su presentación, Durante la cena, Emmanuel se sentó junto a la Felina y ambos sintieron la felicidad de estar cerca de nuevo. Sus ojos se entrelazaron mientras sus corazones latían al mismo ritmo; con un abrazo, reconocieron su amor. Emmanuel aprovechó un descuido de la Felina, cuando ella inclinó su cabeza sobre una mesa larga que servía de comedor y le dio un beso en el cuello. Se miraron sin mudar palabra por algunos minutos y, con un gesto de complicidad mutua, sellaron su amor en las montañas de ese lugar.

—Aunque tengas un alias que no entenderé jamás, siento que mi corazón y mi vida están anclados a ti. Mi destino no puede escaparse de ti y no voy a ser yo mismo quien interceda en su decisión —dijo él, rompiendo el silencio —. Haré todo lo posible por comprenderte, pero quiero que me prometas que saldrás de esta vida tan tormentosa que llevas.

—Es difícil salirme, pero te prometo que te contaré como van las cosas —dijo ella. En sus ojos, la luz brillaba de manera especial porque finalmente había conseguido que Emmanuel comprendiera la situación por la que estaba atravesando.

— También trataré de hablar con mis comandantes al respecto.

Ella sabía que era una dura propuesta, porque salirse de un grupo de inteligencia de la guerrilla tiene implicaciones que no se pueden determinar a priori. La información que la Felina tenía y la capacidad táctica que había ganado en sus misiones eran el motivo por el cual consideraba que la posible renuncia no sería aceptada por la cúpula del frente. Sin embargo, años más tarde y en compañía de su cómplice y solidario amor, logró salir más fácil de lo que ella había creído.

Como la Felina y algunos integrantes de su grupo musical eran afines a la guerrilla, ella utilizaba su talento artístico al servicio de sus camaradas. Una noche de abril, el intenso calor, amortiguado por fuertes y frescos vientos, se llevó a cabo una reunión clandestina en la que se le dio una especial y peligrosa misión a la Felina: tenía que apropiarse de todos los nombres de las personas que asistirían a una velada musical en una base militar, así que ella, como miembro activo del grupo musical del conservatorio de la ciudad hizo un ofrecimiento a los organizadores de la fiesta para ir a tocar música popular y folclórica, gesto de solidaridad que fue aceptada y agradecida. Contra todo pronóstico, la Felina fue entonces invitada especial a una de las celebraciones más importantes de los militares del lugar, en donde la seguridad era impresionante.

El concierto avanzó de manera normal, sin despertar recelos se interpretó música típica de la región y la Felina deleitó a los invitados con su voz. Mientras cantaba, grababa en su mente el nombre de cada militar, tras lo cual iba al baño para escribir los nombres en un pedazo de papel higiénico, que guardaba celosamente en su bolsillo. Todo iba de maravilla, hasta que uno de los militares la invitó a bailar. El hombre, de unos 33 años, la miró de manera sospechosa, sus ojos claros verdosos apuntaron su mirada hacia la cantante y ella, en ese momento, se sintió desfallecer. La Felina accedió coquetamente, aunque mientras bailaba con el teniente coronel, les expresaba con sus ojos el nerviosismo a su compañero José, quien en sus miradas reflejaba la misma sensación; como quiera que bailar con un militar no estaba dentro de sus planes.

Por un momento, extravió su atención de la conversación con el militar y se adentró en sus propios miedos, preguntándose si el teniente la había descubierto por sus insistentes idas al baño o porque, al parecer, había notado el papel con los nombres registrados, en el bolsillo de su pequeño vestido.

—Se te va a manchar el vestido con la tinta del lapicero. —La Felina palideció por un momento, pero en su rápida reacción le contestó—: ah sí, es que escribí un teléfono para una presentación del grupo.

Incluso pensó que podría ir a la cárcel, fue tan lejos en sus planteamientos que le alcanzó el tiempo para contabilizar los años de prisión que podría pagar.

—¿Estás bien? —Preguntó el teniente Fernández—. Te siento un poco inquieta.

—¿Cómo no estarlo ante la invitación a bailar con un galán como vos? —Respondió ella con sagacidad—. Me hace sentir muy bien tu deferencia.

—No sé, hay algo en ti que me llama poderosamente la atención —replicó el militar, escéptico—. ¿Nos hemos visto antes?

—No, no he tenido el gusto —contestó la Felina, con un determinante tono de voz, al sentir que no había convencido del todo a su acompañante—. Cuando terminó la pieza musical, la Felina le dijo al militar que debía ir al escenario nuevamente a cantar.

—No te preocupes, haré todo lo necesario para que no te molesten —respondió, convencido de su papel de anfitrión—. ¿Quieres compartir conmigo una copa afuera?

—Claro, vamos —replicó ella rápidamente.

Sintió el temor en sus vísceras y sus piernas flaquearon. Aunque quería salir corriendo, ella debía seguirle la conversación al teniente, no podía arriesgar la misión.

—Ven, vamos a dar una vuelta por el cantón —le dijo él, guiándola hasta un Jeep descapotado.

— ¡Claro! interesante conocer un sitio tan especial.

—Tú no eres de esta zona, ¿cierto? —Preguntó el teniente—, lo digo por tu acento.

En un minuto, la Felina se vio abrumada por un millar de preguntas que el militar le hacía acerca de quién era en realidad. Ella se dedicó a contestar cada una de estas de manera fidedigna, tratando de no dejar un velo de duda en el militar que no hallaba como sacarle algún dato importante a la extraña invitada. La Felina lo enfrentó con una contra interrogación, haciendo uso del arsenal recibido en el entrenamiento de inteligencia. Después de veinte minutos, la Felina descubrió la afinidad política del teniente. Al parecer, este hombre era miembro activo del Opus Dei y había estado en una operación encubierta en Chile durante el golpe militar al gobierno de Salvador Allende. Cuando la Felina escuchó la historia, sintió que podía tomar las riendas de la charla porque conocía profundamente el *modus operandi* de esa organización ultraderechista.

—Oh, qué bueno es saber que hay hombres valientes que arriesgan su vida por el bien de los demás. —Ella trataba de ser prudente, sus palabras eran cuidadosas, intentando decirle al teniente lo que él quería oír—. Conozco el trabajo de Josemaría Escrivá de Balaguer, el hombre que fundó la congregación.

— ¡Claro! Ahora sé por qué me llamaste tanto la atención, ¡es que eres una de los nuestros! —exclamó el militar, expresando en sus altivos ojos la felicidad por encontrar en esa mujer una persona afín a sus principios y creencias.

—Sí, y lucharemos hasta el fin por cualquier noble causa. —Ella de nuevo confirmó sus palabras—. Teniente Fernández, debo seguir cantando —agregó, escuchando el anuncio de la próxima interpretación—. Fue un placer hablar con una persona tan especial. Si necesita algo, por favor no dude en contactarme.

Obviamente, él no sabría cómo contactarla, porque la Felina nunca le dio su dirección o número de teléfono. No obstante, era consciente de que, por inteligencia militar, él podría acceder a toda la información. Cuando regresó su compañero José, estaba muy preocupado, de tal manera que ya había informado de lo que sucedía al anillo de seguridad que había dispuesto el grupo guerrillero afuera de las instalaciones del cantón, ya que, si fallaba la misión, debían actuar, incluso mediante un acto terrorista para tratar de rescatar a los camaradas que se encontraban en el interior de la base militar. Al verla, sus rostros reflejaron la tranquilidad del pastor que encuentra a su oveja perdida, y esa era la Felina en ese momento, una oveja perdida susceptible de caer en las garras del enemigo, pero ¿cuál enemigo?, ¿los militares o sus camaradas?

Usando el grupo musical como excusa, José preguntaba a los militares la identidad de sus señoras, para dedicarle canciones a cada una de ellas con inspirado sentimiento. La Felina continuó registrando nombres y apellidos con su respectivo rango militar, hasta obtener una lista de aproximadamente cincuenta militares, incluyendo sus esposas. Al final, le entregaron al camarada Marcos el resultado de la operación. Dado el excelente trabajo que realizaron, en condiciones de alto peligro, los comandantes del frente felicitaron a la Felina y a José. Ella nunca se enteró de la utilidad de esa información, que era considerada como clasificada y muy importante para la inteligencia militar del grupo subversivo.

En otra ocasión, la Felina cantó toda la noche para un comandante que había viajado a la ciudad a preparar los cuadros que estarían trabajando en los partidos políticos y que incluso se infiltrarían en otros grupos guerrilleros del país. El comandante prefería escuchar *Canción con todos*, pieza musical interpretada magistralmente por Mercedes Sosa. La Felina cantaba y a la vez aportaba en la discusión y proponía estrategias que, según ella, eran las más acertadas para llamar la atención de aquellos jóvenes estudiantes irreverentes que podrían definitivamente aportar a la causa libertadora. Como de costumbre, viajaba clandestinamente a lugares remotos de su bello país para coordinar las reuniones, decidir las nuevas «admisiones» y reportar al frente los nuevos avances de su extenso y difícil cronograma. Siempre muy apreciada por los jefes guerrilleros por su ardua labor y por su tesón. Tanto era su trajín que muchas veces lucía cansada y ojerosa; su abundante cabellera le hacía honor a su alias, Pelusa.

En la guerrilla, las mujeres cumplían una labor primordial como en el resto de la sociedad, allí eran soldados rasos y trabajadoras, pero también eran amantes de los camaradas. De acuerdo con su cargo, los hombres escogían la que más les gustaba y la mantenían en su poder hasta que el aburrimiento les impedía mantenerlas a su lado. De manera abrupta las abandonaban y buscaban a otra miliciana que les saciara su estado de lujuria, la mayoría de las veces era la nueva de la camada, la carne fresca, la que aún tenía sueños, la que era prenda fácil del engaño. Los guerrilleros eran felices probando mujeres en detrimento del valor y la consideración a su compañera de turno. Eran muy pocos los que mantenían una relación estable. La Felina se mantuvo a salvo de este tipo de circunstancias, ya que por su recio carácter no permitía ni un piropo, mantenía a raya a los impertinentes con bromas que contenían un humor mordaz, venenoso que mataba intempestivamente la intención del caballero. Adicionalmente, ella era una recomendada muy especial del comando central; nadie se metía con ella, cumplía con su deber y punto.

Este temperamento fuerte le permitió aclarar la situación que se había generado con Luis, quien se había vuelto comandante del frente por su especial sagacidad en el movimiento armado y por su meridiana inteligencia a la hora de planear ataques en contra del enemigo. Él gozaba de prestigio y respeto por su carácter temerario, que debilitaba las tácticas del ejército. La Felina aprovechó una visita al frente a mediados de octubre y buscó a Luis para aclarar los asuntos pendientes respecto a su vida personal. Estaban en un pequeño concierto que había preparado para sus compañeras del frente. Luis se encontraba terminando una reunión con unos camaradas, que lo visitaban con la intención de hacer una integración con otro frente cercano a la zona, propósito al que Luis se oponía frontalmente. Apenas vio a la Felina, su humor cambió. Se acercó a ella y con una especial ternura besó su mejilla. Sin embargo, ella apartó agresivamente su cara y le dijo en tono amenazador:

—¿Qué pretende conmigo, camarada? ¿Hasta cuándo va a seguir persiguiéndome? Créame, respetado comandante, que esta situación me está cansando. Las constantes intromisiones en mi vida personal dejaron de tener un propósito de seguridad, además de soportar la contrainteligencia que obviamente usted justifica y de la que siempre he sido víctima para saber si soy infiltrada o no.

Luis, con una sonrisa burlona, insistió en tocar su mejilla de nuevo y le susurró al oído:

—Todo lo hago para protegerte, mi amada camarada.

La Felina volvió a reaccionar de manera agresiva.

—¡Quíteme sus manos de encima! —Dijo—, y no intente tocarme otra vez, no piense usted que soy la nueva que llega al frente y que usted escoge a su acomodo, no le permito que vuelva a fisgonear en mi vida. Usted será mi comandante, pero no se equivoque, si sigue instigándome, reportaré al comandante en jefe. ¿Me entendió, Luis? No se haga el interesante conmigo porque esa táctica no le funcionará y, por el contrario, lo pone en riesgo.

Al escuchar la determinante aseveración de la Felina, Luis soltó una carcajada irónica.

—¿Me está amenazando?
—Tómelo como quiera y haga lo que quiera, pero no finja como si fuera estúpido, Luis, somos camaradas, somos compañeros de batalla.

Desde ese momento, Luis se volvió distante con la Felina, pero nunca dejó de perseguirla o averiguar su vida a través de Afro, quien tenía una gran admiración y amistad con su comandante de frente. La Felina frecuentaba los campamentos, en la selva donde vivían los alzados en armas y era amiga de las guerrilleras, a quienes admiraba por su paciencia, talante y gallardía. Se convirtió en una terapista que resolvía en privado los dolores del corazón. Ellas confiaban absolutamente en ella; para cada enfermedad, la Felina tenía sabiamente la medicina, si el dolor era por la pérdida de un amor, ella las animaba a ser valientes, a no dejarse enredar por la nostalgia y la desazón. La inmensa mayoría de las combatientes era de su misma edad, y algunas estaban embarazadas pese a las restricciones del grupo subversivo. Era una franca ofensa traer hijos al mundo en el frente de batalla, los comandantes intentaban deshacerse de esos niños, por lo que instaban a las mujeres a abortar. Aunque dependía del rango militar del padre de la criatura. De acuerdo con los reportes de los camaradas del frente, si se resistían al procedimiento, las llevaban a juicio militar y les hacían consejo verbal de guerra, por motivo de su desobediencia. La Felina nunca experimentó una situación tan dramática y nefasta como esa.

La Felina también les daba clases de control prenatal, aunque dada su baja escolaridad y su origen campesino, muchas de ellas tenían convicciones arraigadas que no les permitían planificar. Ellas disfrutaban de su vida sexual, que por demás era muy activa. El enfermero del campamento atendía a las que lograban tener a sus criaturas, niños indeseados, a la postre, criados en ambientes inhóspitos. Serían seres infelices que no conocerían en la vida sino la selva, la lucha, la sensación inminente de muerte y la convivencia en comunidad. Muchos de ellos crecieron en medio del odio, de las mentiras y del desamor, y por eso se convirtieron en los mejores candidatos para atacar pueblos y personas inocentes. Lo hacían con sevicia, con maldad, porque nadie da de lo que no tiene y ellos adolecían de la consideración, del amor por el otro, de conciencia. Eran seres frágiles dispuestos a matar y a saciar su resentimiento con actos vandálicos de esta naturaleza.

En la ciudad, los dirigentes políticos de la guerrilla frecuentaban las tertulias, y la Felina disfrutaba la presencia de sus camaradas, quienes aprovechaban los fines de semana para descansar. Les gustaba ir a rumbeaderos de salsa; a la Felina le fascinaba bailar, actividad lúdica que la trasnochaba. Sus caderas se movían al tenor de los ritmos caribeños interpretados por los mejores expositores de ese son que llevaba en sus venas, como azúcar de caña que endulzaba sus arterias para lograr el normal funcionamiento en su corazón; soñaba con las manchas de plátano cuando escuchaba a Ismael Rivera cantando:

> *Yo tengo un sabor a playa en este cuerpo*
> *y un sabor a coco que me quema,*
> *Una canción nocturna en mi garganta,*
> *Manchas de plátano corren por mis venas.*
> *Traigo rumor de olas en mis orejas*
> *Y ecos de tambores que arrebatan,*
> *Un dolor de tristeza en mi sonrisa*
> *Tengo la piel morena y me encanta.*

Duraba horas bailando, mientras sus camaradas se embriagaban, ella pasaba la noche tomando agua con limón. Podía danzar sin parar, se sentía libre e inigualable. Todos se dormían después de que el alcohol inundaba su corazón y atormentaba su existencia y ella seguía sola bailando en la pista, liberándose de sus temores y siendo feliz a costa de los mejores intérpretes de salsa.

Como parte del trabajo de auxiliar de la guerrilla, un día le dieron la misión de visitar a un hombre a quien en el bajo mundo del narcotráfico era llamado Amador García, un apuesto joven cuya familia estaba involucrada en el negocio de las drogas. Su amor por la vida fácil y ostentosa lo llevó a trabajar para uno de los capos de los famosos carteles de droga en Colombia en los años 80, en la Medellín de la eterna primavera. Su frágil y bella esposa había encontrado en ese galán de pueblo al mejor de los candidatos para esposo, el joven pulcro, de finos modales, conquistó a la princesa que, sin saber acerca de sus operaciones clandestinas, se dedicó a amarlo a pesar de todo. Su madre le insistía en que tuviera cuidado con los cambios de personalidad repentinos de su novio y con los lujos que se daba, más aún, cuando se desconocía la causa de tal prosperidad. Los narcos habían permeado a la mayoría de los integrantes de la sociedad colombiana, tanto que se estableció una cultura en la que era absolutamente permitido y hasta envidiable ser miembro de uno de esos clanes. Eran los tiempos de las mujeres construidas en clínicas estéticas para satisfacer los instintos libidinosos de sus clientes, a cambio de montañas de dinero. Eran tiempos en que explotaban más bombas que flores en primavera.

García, empecinado en tener la mujer más casta, tal vez para opacar la vileza de sus innumerables actos ilícitos, la llevó al altar y la enredó en un mar de conflictos. Unos meses después de contraer matrimonio con su «príncipe azul», esta hermosa y débil mujer se dio cuenta de los negocios turbios de su marido. Una noche, la Felina se reunió con él para recibir un dinero que este hombre le aportaba al frente de la guerrilla, a cambio de protección para su vida, así que García la invitó a su casa, un palacio en donde en cada rincón se destacaba el buen gusto de sus inquilinos. En el curso de la reunión de negocios, su mujer se le acercó abruptamente y le apuntó a la cabeza con un revólver, reclamándole desesperada por la vida lujuriosa que su esposo llevaba, y por sus constantes maltratos.

La Felina sorprendida quedó atrapada en medio de la difícil situación. Guardó silencio mientras que los gritos y malos tratos venían e iban de parte y parte, la mujer mantenía el arma en la cabeza de su amado galán. Mientras tanto, él sonreía temerosamente, ante la inminencia de peligro. Entre dimes y diretes, la Felina logró tomarla suavemente por la espalda, como quiera que ya era evidente su embarazo, y la despojó rápidamente del revólver que estaba cargado. La mujer se desplomó en el piso, llorando y pidiendo ayuda, porque ya no podía soportar las andanzas de su soberbio marido, que se ufanaba de las constantes reuniones a la que asistía en compañía del patrón, refriéndose a uno de los capos del cartel.

Eran tiempos duros para Colombia: había sido cercenada por el pecado, la iniquidad hacia su aparición victoriosa en todas sus manifestaciones; el negocio era aparentemente tan próspero que incluso las familias más decentes se dejaron embadurnar del enorme poder de las bandas emergentes. Los vecindarios, las fiestas y las costumbres cambiaron de la noche a la mañana, un capo, un narcotraficante, se convirtió en un héroe quien, bajo el efecto enajenador de las drogas, lanzaba dólares desde los edificios más altos de la ciudad para que los recogieran en la calle los transeúntes que lo idolatraban.

Su popularidad se expandía, regalaban viviendas a los más desamparados e incluso algunos políticos del momento, pagaban para que les tomaran una foto con el capo. Esta cultura se arraigó en el país, y lo condujo a la tragedia. La Felina tocó la cabeza de la mujer de García, y tiernamente la ayudó a levantarse y la llevó a la sala, alejándola del patio donde se llevaba a cabo la reunión. Volvió a conversar con Amador García, quien trataba de reponerse del terrible incidente que había producido su celosa esposa.

—O deja a esa mujer tranquila, o me toca informar al frente —amenazó la Felina.

—Yo con usted no me meto o, ¿es que me va a traer a sus amiguitos los guerrilleros a matarme? —respondió él, en un arranque de ira.

—Okey, esto va a ser más fácil de lo que pensé —respondió la Felina en un tono amenazador. —. Mi respuesta es sí, si le toca un pelo a esa mujer, es hombre muerto.

—Sí, yo lo sé. No se preocupe, que me quedó claro —dijo el hombre, asumiendo que esta mujer no estaba jugando.

La Felina no estaba bromeando y su cara reflejaba la determinación de su afirmación, no iba a permitir el maltrato al que era sometida esta mujer, así le tocara cambiar sus principios. La mujer, que no sabía nada de las andanzas de la visitante, escuchó la conversación, y sintió curiosidad.

—Tu marido es un loco demente y vos lo sabes —replicó la Felina ante sus preguntas.

La advertencia bastó para proteger a ese ser indefenso por un largo período de tiempo, hasta que García volvió a desenvainar su rabia; atacarla y amarla era su hobby preferido. No podía vivir sin ella, pero tampoco podía liberarse del mundo pendenciero en el que estaba envuelto, era un excelente proveedor y aparentemente, buen padre, un hombre muy agradable en el hablar y muy inteligente en su actuar. Años después, reconoció la gravedad de sus actos y, ayudado por su familia, lo dejó todo y se encerró en su finca a cultivar y a producir la tierra de manera lícita. Atrás quedó ese mundo banal y peligroso que lo acompañó por al menos una década, que dejó secuelas grandes, como el asesinato de varios miembros importantes de su familia y su triste divorcio de la mujer que amaba, quien no pudo resistir el asco que le producía la lujuria y los negocios sucios de su esposo.

La Felina terminó la reunión con García y reconoció que esa experiencia inesperada había sido riesgosa y traumática; recogió el dinero que Amador García le dio en un maletín azul, no sin antes pedirle disculpas por los infortunados sucesos y sugerirle que no reportara nada de lo acontecido a los camaradas del campamento; él prometió que en adelante sería más cuidadoso con los amores robados y trataría mejor a su amada compañera. La Felina no comentaría la situación, pero ella visitaría a su esposa periódicamente para garantizar que la mujer y su futuro hijo estuvieran libres de problemas.

## Capítulo 7. La clandestinidad

De los miembros del grupo especial de auxiliares de la guerrilla que trabajaron a la par con la Felina, solamente ella sobrevivió. Todo fue un plan del Eterno para mantenerla viva, para enseñarle a reconocer sus culpas, para moldear su carácter, para que entendiera que, con la soberbia, el odio y la rabia no podría prosperar ni ver la luz al final del túnel y, finalmente, para usarla como un testimonio vivo que le contara al mundo las atrocidades en que puede involucrarse el hombre por falta de temor a Él, por falta de consideración por el otro y por un afán enfermizo de poder. Con la persecución militar, que se intensificó progresivamente, cada día recibía la noticia del asesinato de un camarada y lloraba en silencio la pérdida, pero no paraba sus operaciones de espía, la situación se volvió inmanejable, lo que la obligó a vivir en la clandestinidad y a esconderse en un sitio remoto, donde habitualmente operaba; allí escribía documentos políticos para la organización y coordinaba reuniones secretas; Emmanuel la visitaba periódicamente, ya que era el único que sabía el paradero de su novia.

Juan, a quien sus camaradas llamaban Matasanos, era un médico que había estudiado en el exterior y que poseía una afamada taberna en la ciudad. En la oscuridad, el lugar era el punto de reunión de los rebeldes sin causa, con todo tipo de pensamiento e ideología. La salsa embriagaba a los asistentes temporales, haciendo del bar una torre de Babel, en donde el único propósito de vida era llevar la contraria al establecimiento. Matasanos vivía con su madre y con su hijo de nueve años, quien padecía las pataletas y desafueros de tener un padre homosexual, cuyas relaciones amorosas con hombres de diferentes edades eran bien conocidas en su vecindario. En la escuela, los demás niños se burlaban de él y lo rechazaban, haciendo de su vida una constante tragedia, una carga emocional muy importante para un niño de su edad.

Juan tenía una relación cercana con la Felina, quien lo hacía soltar estruendosas carcajadas. A él le fascinaba escucharla cantar, la consideraba una mujer vital y muy interesante y siempre se lo recordaba. Matasanos también atendía a los guerrilleros heridos en combate que llegaban a la ciudad, usando tratamientos que solamente él conocía y que, la mayoría de las veces, eran muy certeros. Trataba las infecciones con árnica; el sangrado, con vendas calientes que tenían un poco de Vick VapoRub mezclado con infusiones indígenas; la fiebre, con agua caliente y hojas de caléndula, tostadas con fuego antes de ser usadas. Después de cuatro años de compartir los designios de la lucha, Matasanos fue brutalmente asesinado. Esa mañana, la Felina se encontraba leyendo apasionadamente un libro de Oriana Fallaci cuando él llegó a visitarla. Ella corrió a recibirlo para actualizarlo de su lectura e iniciar interminables debates acerca de la actualidad política del mundo, como era frecuente entre ellos. Extrañamente, la Felina sintió algo diferente en él en ese momento ya que, sin motivo aparente, él le recordó que pagaba sus deudas oportunamente. Se refería a un préstamo que la tía de la Felina le había hecho a su inolvidable amigo de lucha.

—Uno no sabe cuándo le llega la hora —dijo, mientras se comía una arepa y tomaba un chocolate, como buen santandereano.

Después de compartir el desayuno, y entre risas y comentarios burlescos, miró a la Felina y musitó—: ¿Querría la bella dama arrullarme con una canción de cuna?

—Deja esas locuras ya, por favor —respondió ella. Pero algo en su mirada la hizo ceder, por lo que decidió cantarle una composición de origen desconocido interpretada magistralmente por Atahualpa Yupanki y Víctor Jara, entre otros, que siempre los enternecía—: *Duerme, duerme negrito, que tu mamá está en el campo... Negrito...* —repetía ella una y otra vez, ante la insistencia de su camarada de que siguiera cantando.

Las lágrimas inundaron la pálida cara de la Felina y un frío que no había sentido jamás invadió su cuerpo. Él se levantó de la silla, le dio un beso en la frente y se marchó sin decir palabra. Cuando la Felina salió a despedirlo ya era tarde, ya se había ido. Hacia las once de la noche, el Javi, otro camarada del grupo, llegó a la casa de la Felina y dejó un sobre bajo la puerta, el cual contenía el mensaje: «Mataron a Matasanos, no se acerque a ese lugar al menos por este fin de semana». La Felina se tiró al piso, y su perro, Lukas, un pastor alemán más grande que ella, la arropó con su gemido y lamió su tristeza. Juntos, mimetizados en el mismo sentimiento, lloraron la partida de un ser extraordinariamente bueno, equivocado tal vez, «como todos nosotros», solía decir sabiamente la abuela Concha. Matasanos fue importante para la vida de la Felina como quiera que la hizo cambiar muchos paradigmas, él fue el artífice para que ella fuera al menos temporalmente feliz, a ser útil, a amar y a llorar, cosas que antes habían sido ajenas para esta fría mujer.

Cuando la seguridad se lo permitió, la Felina indagó acerca de la muerte de Matasanos. Un hombre excepcionalmente inteligente, de apenas 42 años, había sido asesinado. «¿Ahora seré yo la siguiente?», se preguntaba ella una y otra vez. En tiempos de gran angustia para el grupo, buscó al Javi como aguja en un pajar. En la madrugada de un día lluvioso, cinco días después de la muerte del camarada médico, la Felina encontró al Javi cuando este salía del bar. Ella vestía gafas, un gabán y un gorro, en un intento de pasar lo más desapercibida posible.

—Javi, no te detengas —le dijo cuando lo abordó, fingiendo caminar detrás de él como cualquier otro transeúnte—. Soy yo, necesito urgentemente hablar con vos. Nos vemos hoy a las diez de la noche en la casa del Limonar. No me falles.

A la hora indicada, llegó el camarada a una casa vieja que quedaba a las afueras de la ciudad y que estaba en ruinas. Su propietaria era una anciana de 80 años que también auxiliaba a la guerrilla. La mujer había sido docente en sus años mozos, era soltera y no tenía hijos. La acompañaba, en su soledad, una cantidad ilimitada de libros alrededor de su habitación que guardaba como el más preciado valor que poseía y el recuerdo de la turbia y clandestina relación amorosa que había tenido con uno de los camaradas, a quien amó hasta el cansancio. Lamentablemente, una bala acabó con la vida de él en el frente de batalla, y el corazón de esta loable pareja feneció ese mismo día porque, aunque ella seguía viva, sentía que su existencia había terminado y sus entrañas habían partido a un viaje sin tiquete de regreso. La única ilusión de la anciana era seguir apoyando financieramente a la guerrilla.

La Felina entró al lugar, que olía a tierra húmeda, y escuchó un perro ladrar, como quejándose de la dura vida que tenía en compañía de su ama. Al fondo, en su habitación, Madame, como le decían a la agraciada mujer, yacía acostada. Su voz estaba resquebrajada y su palidez impresionó a la Felina.

—Venga, Mija, ¡acérquese!

La Felina se aproximó un poco a la anciana, pero no fue suficiente para Madame.

—Venga. —Le extendió su mano— Salúdeme como deber ser, hija, yo no como gente aún. —La Felina sonrió y se acercó un poco más—. ¿Vio el perro afuera? —dijo finalmente la anciana.

La Felina, que estaba esperando ese santo y seña, respondió:

—Sí, Madame, está acostado, disfrutando de la soledad.

Después de confirmar la contraseña, la Felina declaró de manera implícita que había llegado sola y sin ningún problema. El Javi, que estaba escondido debajo de la cama, escuchó que el sitio estaba seguro y, de un momento a otro, agarró la pierna de la Felina, para llamar la atención. El Javi salió de su escondite: sus bellos ojos verdes, como el agua diáfana del mar, estaban marchitos de llorar a su fiel amigo y camarada. Usualmente, él solo musitaba las palabras necesarias y no expresaba sus sentimientos, pero, dados los sucesos, se entrelazó en un abrazo de solidaridad y angustia con su amiga, a la que respetaba y amaba. Lloró en su hombro como un niño pequeño hasta que pudo calmarse.

—¿Cómo fue? —preguntó ella.

—Fue terrible, Pelusa —se lamentó—. Estaba Matasanos atendiendo el bar cuando a las nueve y media de la noche, entraron al sitio dos personas que nunca habíamos visto. Pidieron cerveza, tenían las cabezas rapadas, sus miradas eran extrañas y su piel era muy blanca, eran como extranjeros. —Hizo una pausa, saboreando el mal rato—. Mientras la mesera los atendía yo me di cuenta de la situación y traté de llevar a Matasanos para la bodega. Pero como siempre, él se hizo el importante y no quiso esconderse, los hombres preguntaron por el dueño porque aparentemente querían comprar el lugar, y en ese momento él salió a hablar con ellos.

El bar estaba atestado de gente que entre cantos y murmullos reclamaban la toma del poder, aun cuando en su estado de ebriedad no sabían ni de donde eras vecinos. Los hombres pidieron un espacio privado para hablar y, ¡vos sabes cómo era él! —En su miraba se reflejaba el desconsuelo por la pérdida de su camarada—. Le pareció normal y además como el más joven le estaba coqueteando, él se interesó más por ellos. Me hizo una mirada como queriendo decirme: «Estoy bien, no te preocupes», y se encerraron en la pequeña sala donde siempre descansaba. —Javi hizo una pausa de nuevo, tratando de respirar profundo y organizar sus palabras, como quiera que la situación que narraba era deplorable—. Pelusa, a mí esa historia no me convenció para nada e inmediatamente lo reporté al camarada Luis y él me ordenó salir de ese lugar. Los hombres abandonaron el bar como las once de la noche y yo, que estaba pendiente a una cuadra del lugar, corrí a buscar a Matasanos. Lo que encontré no puedo apartarlo de mi memoria: lo amarraron de pies y de manos, le taparon la boca y le pegaron dos disparos en la cabeza con un revólver calibre 38 que tenía silenciador.

Su expresión delataba la angustia y la rabia que estaba sintiendo por el asesinato de su camarada, pero, a pesar de eso, continuó:

—Nadie se enteró, todos seguían disfrutando de la música. Yo salí corriendo por la puerta de atrás, no era consciente de mis actos, estaba en shock. —Movía su cabeza, quería reconocer que no iba a ser fácil aceptar la muerte de este valioso amigo y combatiente, e intentaba olvidar la clara imagen que tenía de lo sucedido—. Todo pasó muy rápido, he soñado todas estas noches con esa macabra escena, no puedo dormir ni aceptar que lo hayan acribillado de esta forma tan vil.

—¿Cómo está su madre?, ¿y su niño? —preguntó la Felina, su tono de tristeza expresaba cómo su corazón no podía asumir que uno de sus amigos más queridos hubiera dejado de existir de esa forma.

—Misia Mercedes está como loca vociferando un poco de insensateces, a mí me da la impresión de que a pobre mujer se le disparó el seguro y no es consciente de lo que pasó ni de sus propios actos. A Manuelito se lo llevaron sus tíos tan pronto supieron lo sucedido, no sé nada de él —musitó el Javi.

El Javi era estudiante de ingeniería. Su piel era color caramelo y sus profundos ojos azules tenían la capacidad de hacer volar a las chicas de su edad como mariposas en celo. Caracterizado por su pasmoso silencio, Javi era el mensajero del grupo. Se disfrazaba con lentes y sombreros oscuros que lo hacían parecerse a Pedro Navaja; transitaba las calles en las noches, avisando a los camaradas los planes, los avances y las noticias del frente. Aparecía y desaparecía con tanta facilidad que solo dejaba el pánico que le producía tanta noticia nefasta y temeraria. Era un hombre de carácter, entregado naturalmente a la guerra, conocedor de la artillería como la abuela de hacer arepas.

El Javi era hijo único, producto de un turbulento amor entre una mujer de 45 años y un hombre de 23. Lucía, la mamá de Javi, se enamoró de Guillermo, un joven alto y moreno que trabajaba como secretario del juzgado del pueblo. Su tórrido amor fue muy famoso porque como animales en celo, no respetaban sitio; si la sangre se les calentaba más de lo normal o las hormonas se les alborotaban no les importaba cuándo y dónde aparearse. Lucía quedó embarazada y su apasionado amante voló como las golondrinas, cuando ella le anuncio su estado una tarde en que nuevamente se encontraron. Guillermo no logró aceptar su responsabilidad, no concebía que a su edad tuviera que criar un niño sin la debida madurez, entonces prefirió internarse en el monte y volverse guerrillero.

Lucía llegó a la ciudad huyendo de la violencia, además porque quería borrar la historia de su famoso y controvertido amor. Se ubicaron en un suburbio de la ciudad y Lucía encontró trabajo como empleada doméstica en la casa de un afamado juez. Mientras el Javi terminaba sus estudios de bachillerato con honores, habitualmente visitaba a su papá en el frente. Por esa condición, se convirtió en un activista y auxiliador de la guerrilla eficiente y bien entrenado. Estudiaba ingeniería civil en la universidad estatal y sus calificaciones eran sobresalientes. En los tiempos en que los muchachos de su edad frecuentaban las chicas para enamorarlas y pasar un rato agradable con ellas, él se dedicaba a la militancia, al entrenamiento con armas de todo alcance y a prepararse en inteligencia militar. Era el más serio de todo el grupo de la Felina.

El día de su asesinato, el Javi llegó hacia las diez de la noche a su casa y se fue directamente a dormir. Le pidió a su madre que no lo despertara, porque iba a salir más tarde y necesitaba descansar. Hacia la una de la madrugada llamaron a la puerta, eran dos hombres que buscaban a Guillermo, el papá de Javi.

—Él no vive aquí —respondió Lucía, ante la pregunta de los hombres.

—Nosotros nos enteramos de que el camarada llega en cualquier momento y que viene a visitarla —respondieron ellos, sorprendiendo a Lucía—. Sabemos que el Javi duerme, por eso esperaremos a Guillermo en la sala, si no le molesta.

Los hombres tenían toda la información de las últimas 24 horas de la vida del Javi, porque habían instalado un pequeño micrófono en su casa, lo que les permitió convencer a su madre de entrar en la vivienda, sin llamar la atención de los vecinos o del propio Javi.

—Sigan, por favor— respondió Lucía—. ¿Quieren una taza de café?

La música de carrilera sonaba a bajo volumen, la sala era un lugar modesto pero limpio. La mesa del comedor estaba adornada con una flor blanca de plástico y un mantel desteñido, en la esquina de la mesa reposaban los libros del Javi. También había un vaso con leche y un panecillo, ambos tapados cuidadosamente con una servilleta blanca, era la cena que el muchacho comería al momento de levantarse, para luego irse. Cuando la anfitriona de la casa llegó con las tazas de café, ellos, aprovecharon para poner un somnífero en la de ella.

Mientras degustaban el café preparado por las manos de una mujer campesina como Lucía, los hombres le contaron a la dueña de la casa que venían de lejos, que eran muy amigos de Guillermo sabían que ella no había vuelto al pueblo desde hacía muchos años. La llenaron de preguntas hasta que ella no pudo dominar el sueño y cayó profundamente dormida. Sin hacer ruido, los hombres apagaron las luces de la casa y fueron a la habitación del Javi, que todavía dormía. Lo asfixiaron con su almohada y lo colgaron con el cordón de un zapato, simulando un suicidio. Los extraños visitantes salieron sin alertar a los vecinos, nadie los vio. Seis horas después, Lucía despertó a la pesadilla de encontrar a su hijo muerto. Fue un crimen tan bien hecho, que hasta ella misma creyó que el Javi se había quitado la vida.

Tiempo después, mientras iba progresivamente saliendo del shock producido por la ausencia de su vástago, del motor de su vida, de su esperanza, de su vida misma, Lucía ató cabos y reconoció perfectamente los sucesos del crimen. Posteriormente, la guerrilla le preguntó a Lucía acerca de los visitantes que recibió en su casa el mes anterior a la muerte del hijo. Cada uno de los nombres que la mujer refirió fue llamado a juicio. En las pesquisas que hicieron, se dieron cuenta que una mujer frecuentaba al Javi y lo acosaba sexualmente; ella había sido comisionada por los «chulos» para instalar el pequeño micrófono en la casa del Javi. Sin contemplación alguna la instigaron; y un tiempo después apareció muerta en las afueras de la ciudad y la prueba concluyente fue el hallazgo del pequeño micrófono que estaba escondido en la flor blanca que adornaba el modesto lugar.

Los camaradas nunca creyeron que había sido un suicidio, el modus operandi era bien conocido por la inteligencia de la organización y los integrantes eran instruidos sobre el riesgo. Conocían las formas de matar del enemigo, entre esas la de simular que el líder se había quitado la vida. Murió el Javi, el de los ojos penetrantes, el de la disciplina a prueba de fuego, el de la línea dura, el estudioso, el marxista, el realmente comunista… Y otra vez, la Felina, sumida en su dolor, su almohada, compañera fiel, le servía para liberarse del pavor de los días aciagos. Como decía el Javi, la vida sigue, y eso fue lo que ella hizo: recordarlo con un inmenso amor y respeto y seguir adelante en su tarea de conquistar lo inconquistable, un mundo temible de espacios impenetrables. Ella lo sabía, pero la adrenalina la instaba a continuar, sin dudar por un solo momento, pese a los acontecimientos y a que cada día se iba quedando más sola.

Guillermo, piloto de profesión, era un hombre socialmente importante y un miembro del grupo de la Felina. Su familia era dueña de una flota de avionetas de fumigación aérea que él usaba para transportar guerrilleros heridos y material bélico, era una estrategia bien planeada por la guerrilla pues su condición social no despertaba ningún tipo de sospechas. Adicionalmente contaba con un helicóptero comercial, con el que ayudaba al grupo con el tráfico de armas. Niño Rico era su apodo, era un hombre escultural y apasionado. Poseedor de una sonrisa impecable, los pequeños hoyuelos en sus mejillas iluminaban su mirada. Por su tremenda timidez, la Felina lo molestaba cuando viajaban juntos auxiliando guerrilleros heridos en combate.

—¿Me prestas uno de tus hoyuelos para tomarme un café? —bromeó la Felina en una ocasión, haciendo que el apuesto camarada se tragara su saliva.

—Niño Rico, estoy aburrida, hablemos de algo —dijo la Felina, después de un rato.

—Habla vos, yo te escucho —respondió él, como siempre, tras ofrecerle a la Felina una tierna sonrisa que demostraba cuán transparente e introvertido era.

Como era típico en cada una de las misiones, el monólogo de la Felina era tan largo como el mismo viaje. El retraimiento de su amigo y camarada no fue óbice para que ella lo admirara y lo respetara; fueron grandes compañeros e inseparables aliados. Cuando transportaban guerrilleros heridos, mientras la Felina procuraba colocar vendajes en las partes del cuerpo que sangraban inmisericordemente, Niño Rico que tenía mucha más experiencia en esas lides le explicaba a la Felina paso a paso lo que debía hacer para preservar la vida del enfermo, ella no dudaba en seguir estrictamente sus instrucciones y de esta forma salvaron muchas vidas en el aire. Años después de abandonar las filas del grupo, la Felina quiso saber el paradero de Guillermo y su situación frente al movimiento guerrillero, por lo que visitó a su esposa, una mujer de sociedad que por su exótica belleza había sido muy famosa en la región. Cuando Patricia vio a la Felina, un sollozo salió de lo más profundo de su corazón. La Felina palideció, la reacción de la mujer que amaba incondicionalmente a Niño Rico fue el detonante suficiente para entender que su amigo había muerto. Su esposa sabía que el amor de su existencia apreciaba especialmente a la Felina, y al verla se derrumbó.

—Me lo mataron, Pelusa. Todo fue tan rápido que aún no puedo creer que mi esposo esté muerto. He llorado sin parar, no puedo recuperarme del dolor que me produce su partida.

Patricia le comentó que la muerte de Guillermo había ocurrido en un accidente aéreo cuando transportaba armas para la guerrilla. La historia no sonaba convincente, porque en ese tiempo no se habían reportado accidentes en la región. Cuando estuvo más sosegada y sin ningún conflicto en su haber, la Felina exploró sobre las verdaderas razones de la muerte de este maravilloso hombre, que había dedicado más de 10 años a la guerrilla de manera inútil. Indagó con un juez amigo de la guerrilla, quien le contó que todo había sido un montaje de la mafia para acabar con la vida del piloto. Al inicio de su trabajo, Niño Rico inicialmente transportaba heridos de la guerrilla, pero, conforme los intereses del grupo cambiaron, así mismo lo hicieron sus misiones.

Al final de sus días, Niño Rico lidió con el flagelo de la droga: transportaba extensas cantidades de alcaloide que sacaban de los laboratorios donde estaban anidados los campamentos del grupo guerrillero, para llevarlas a un puerto sobre el Pacífico. En ese tiempo, el Ejército Nacional patrullaba con armas de gran calibre y cuando Guillermo se volvió objetivo militar, su helicóptero fue derribado mientras llevaba dos heridos de la guerrilla y la cocaína del frente guerrillero. Cayeron en uno de los picos de la bella cordillera central de Colombia, nunca se encontraron los restos del hombre de bella sonrisa y mirada apacible.

Otro integrante del grupo era Pirañita, cuyo apodo hacía honor a las largas faenas comiendo carne. Fue un hombre que, al finalizar la década de los 80, viajó a la universidad Patricio Lumumba en la Unión Soviética a estudiar medicina. Era el estratega del grupo y, a diferencia de Guillermo y Javi, hablaba «hasta por los codos». Era melómano y por eso era el más cercano a la Felina; disfrutaban de noches enteras bailando salsa y hablando de los exponentes de esos sones musicales. Mientras Pirañita comía, la Felina le presentaba los planes y las propuestas y él, en un abrir y cerrar de ojos, lo arreglaba todo. Pirañita era hermano de Luis, por lo que era experto en armas y en inteligencia militar. Sabiamente, burlaba la seguridad de los sitios más impenetrables; era como un computador andante. Tenía una bella sonrisa y un especial estilo de hablar. Estaba casado con una mujer rusa, cuya piel era hermosa y lozana, y con quien tenía dos hijos, que eran su pasión. Aunque había estado apartado de la actividad política mientras estudiaba en Rusia, los chulos no le perdonaron sus antiguas andanzas, porque como médico, era un activista de derechos humanos.

En una noche de aparente tranquilidad en el hospital, un grupo de heridos llegó a la sala de urgencias tras una riña callejera. Todos estaban cubiertos de sangre y daban alaridos por el aparente dolor que estaban padeciendo. Pirañita inició su turno y fue informado de que habían llegado muchos heridos que estaban en observación. Uno de ellos esperaba su turno para ser operado de peritonitis, producto de una puñalada. El hospital parecía una zona de guerra en la que las enfermeras administraban líquidos intravenosos y trataban de salvarle la vida a los sobrevivientes, mientras Pirañita atendía a tantas víctimas como podía. Cuando estaba terminando de auxiliar al último de sus pacientes, la enfermera jefa lo abordó con noticias.

—Doctor Fuentes, un señor lo busca. ¡Dice que es urgente! —exclamó su compañera de trabajo.

—Dile que me tiene que esperar— asintió él, atestado de trabajo—. O si no, que venga mañana. Estoy muy ocupado.

—Doctor, el hombre dice que no puede esperarlo—respondió la enfermera, y agregó—: Es algo urgente, porque se trata de su hermano Luis, creo que debe recibirlo.

—¡Hazlo pasar! —ordenó él, sin pensar, pues temía que algo malo le hubiera pasado a su hermano.

Al cabo de unos minutos, un hombre que cubría su rostro con un pasamontaña y una chaqueta náutica arribó a su consultorio.

—¿Usted es el doctor Gerardo Fuentes?

—Sí, soy yo —contestó firmemente Pirañita— ¿Qué se le ofrece? ¿Qué noticias trae de Luis?

El hombre sacó de su ropa un revólver con silenciador, le disparó a la cabeza y salió del consultorio, pretendiendo que nada anormal había sucedido en la oficina de Pirañita. Se dio a la fuga en compañía del cómplice que lo estaba esperando en una motocicleta y dejó atrás el cuerpo del doctor que había muerto inmediatamente. Pocos minutos después, la enfermera ingresó al consultorio y se dio cuenta de que el visitante había acabado con la vida de uno de los mejores médicos del hospital. El tiro de gracia traspasó su oído derecho e invadió la aorta, lo que produjo un infarto súbito que acabó con la vida de un intelectual interesante y profundamente inteligente. Danieska, su esposa, no pudo soportar el dolor de la pérdida y se mudó nuevamente a su natal Rusia, llevándose a sus niños y entristeciendo aún más a la familia Fuentes, que nunca más supo de la suerte de sus descendientes rusos.

Un auxiliador que colaboraba con el grupo en la ciudad era Afro. Aunque no había ido nunca al frente, su trabajo de coordinación y logística era muy importante para el movimiento guerrillero. Su apodo hacía honor a su enorme cabellera, que era tan alta como un rascacielos y tan espesa que toda su flaca humanidad parecía aún más insignificante. La Felina gozaba de un tratamiento especial por ser la única mujer del grupo, así que Afro era su guardaespaldas. Él la acompañaba como su sombra, excepto cuando ella viajaba al frente, ya que Afro limitaba sus acciones a la ciudad. Había sido delegado por Luis para que la custodiara a donde quiera que ella fuera, para que la protegiera como a su vida misma y para que le reportara todos sus movimientos.

Afro trabajaba como auxiliar contable en una empresa multinacional. Tenía un buen salario y era un experto en la búsqueda de códigos cifrados. Su misión con el movimiento era ayudar a los abogados de los guerrilleros en prisión a conseguir información invaluable para su defensa a la hora del juicio. La mayoría de las veces, los argumentos de la defensa eran determinantes para el acusado, gracias al trabajo transparente de este hombre silencioso, que era un especialista en inteligencia militar. Afro no disfrutaba de vida social alguna, no visitaba la sede del partido y muy pocos sabían de su existencia. Aunque era un hombre distante e introvertido, la Felina era la única persona que lo sacaba de ese estado de ensimismamiento, lo hacía reír hasta mostrar su blanca dentadura que sobresalían más, debido al desequilibrio de su boca, ya que su maxilar inferior era más prominente que el superior. Afro no tenía familia y era un ser extremadamente solitario.

La Felina continuaba con su trabajo: viajaba de vez en cuando a los frentes y cumplía misiones en la ciudad. Ella tuvo el presentimiento de que algo malo le había pasado a Afro cuando regresó de una de sus innumerables visitas al frente, ya que Afro no se encontraba en el lugar habitual. Esa noche, tras esperarlo más tiempo del indicado, tomó un taxi, llegó a la ciudad e inmediatamente comunicó la ausencia del camarada, quien efectivamente había desaparecido. Durante meses, la angustia subyugó las mentes de José y la Felina, los pocos que quedaban del grupo. Recibieron instrucciones del frente, de no hacer ningún movimiento que generara la sospecha de los militares o policías que podrían tener al Afro.

Los tranquilizaba un poco que su formación militar había sido en el exterior y que era difícil que delatara a sus compañeros de lucha; era guerrero, odiaba la casta militar y no iba a obsequiarles la información que querían para seguir matando a sus compañeros de batalla. Lamentablemente, sus hipótesis no estaban lejos de la realidad, al cabo de seis meses lo encontraron en una fosa común. La Felina lloró su muerte cuando en la televisión nacional lo presentaron como un guerrillero activo, aunque él nunca había ido al frente. «Hemos dado de baja a un hombre de alto rango en las filas de la guerrilla», repetían los noticieros, y mostraban a Afro, asesinado. En su cara se delataban los golpes de las torturas que había sufrido antes de su terrible deceso.

Este incidente fue el detonante para que, tiempo después, la Felina pasara a la clandestinidad, como quiera que ya no tenía ni la ayuda de su querido guardián ni la información imprescindible para sus operaciones de espionaje. La Felina sintió tanto la muerte de Afro, como había sentido la de Matasanos. Extrañaba tanto a Afro que lloraba cuando recordaba las veces en que él la hacía reír, tenía una extrema facilidad para remedar los movimientos corporales y las voces de las personas a su alrededor.

De los infiltrados de la guerrilla que trabajaron a la par con la Felina, solamente ella sobrevivió, como si fuese un plan del Eterno para mantenerla viva. Templándola a través de duras pruebas hasta hacerla tan resistente como el acero. La Felina, años más tarde, recordaría con especial sentimiento el día en que Pirañita llegó a su casa con la noticia de que habría un concierto de Héctor Lavoe en el estadio de la ciudad. El peligro de ser capturada era inmenso. Contra todo pronóstico, fue a ver a uno de los legendarios de la salsa, música que ella amaba. Ya en el lugar, la Felina y Pirañita trataban en lo posible de mantener su seguridad, aprovechando que el concierto estaba a reventar.

No obstante, la Felina, siempre lista a reaccionar ante cualquier eventualidad, se dio cuenta de que un «tira» los observaba y hablaba a través de un radio con otro hombre cerca al escenario. «La gallina puso huevos», fue la clave que la Felina y Pirañita compartieron para entender la situación. En un minuto, cada uno se movilizó por su lado, escabulléndose entre los gritos y la danza de los asistentes enloquecidos al escuchar la voz perezosa y cautivadora de Héctor. La Felina se movía arrodillada por cada escalera, haciendo una trinchera con cada humano que, enajenado por la felicidad, no se percataba que estaba siendo utilizado para procurar la gran fuga. Continuó hasta encontrar una salida que daba a la parte trasera de una universidad. Una vez afuera, siguió caminando a pasos agigantados, siguiendo los latidos de su corazón que golpeaban su pecho hasta el dolor.

Eran las cinco de la tarde de un sábado frío. Llovía y había oscurecido temprano. La Felina, escondida en una bufanda color café, ingresó a un baño del claustro universitario, donde se encontró con una mujer que tarareaba la canción de Cheo Feliciano: Échale semilla a la maraca *pa' que suene chacucha curucuchacucha*, mientras se veía en el espejo. La Felina le mostró el arma pequeña que le habían entregado cuando comenzó sus misiones para el grupo, hacía muchos años. Nunca la había usado porque, gracias al blindaje que le garantizó Dios, no tuvo la necesidad. Además, su gran corazón no le permitía matar a ningún ser vivo.

—Quítese su ropa, la necesito. Me están persiguiendo los chulos —expresó, con tono amenazante.

—Sí —respondió la mujer, visiblemente afectada—. Por favor no me haga nada, yo le voy a ayudar.

—No he matado una mosca en mi vida y usted no va a ser la primera —replicó la Felina— pero pórtese bien y ayúdeme a salir de aquí.

La mujer intercambió su ropa con la espía. El problema era que esta mujer estilizada era mucho más alta que la Felina, aunque eso no fue óbice para que la Felina de baja estatura intentara cambiar sus atuendos. Primero, trató de acomodarse una falda impresa con las mariposas amarillas de Macondo que la dueña portaba. La Felina se la puso hasta el cuello, lo que provocó una risa nerviosa entre las dos.

—No se preocupe compañera, yo soy una activista estudiantil y desde aquí estaré pendiente, junto con otros compañeros, para garantizar que salga de este problema—dijo la mujer, tranquilizando a la Felina.

Entonces, las dos pensaron rápidamente cómo lograrían un disfraz perfecto que no despertara las sospechas de la policía que estaban afuera en la calle merodeando. Siguieron en su misión y la Felina tuvo la sensación de que las mariposas, en compañía de Mauricio Babilonia, la iban a salvar, tal vez haciéndola volar del lugar. Ella sabía que era una ilusa, pero quería pensar que de esa situación tan peligrosa saldría ilesa como siempre. Cambió su suéter color vino tinto por un abrigo negro gigante, que anudó con un cordón en su cintura. Se puso unas botas negras, como de soldado, y le dejó sus preciados zapatos color café a la mujer, quien expresó su dicha porque, según ella, nunca había visto unos zapatos tan lindos. La misión fue exitosa, y la mujer que la había llamado «compañera» salió a hacer vigilancia para proteger su seguridad, como había prometido.

La Felina salió del baño y empezó a caminar. La flaqueza de sus piernas delataba el estado de pánico en que se encontraba. Era un trayecto relativamente corto, pero, dada la gravedad de la situación, fue uno de los caminos más largos que la Felina transitó en su vida. Se sentía víctima de una paranoia momentánea; toda persona que se atravesaba en su camino era para ella una tira que la estaba persiguiendo. Por su estado de torpeza, tropezó con un hombre alto y robusto. «¡Oiga!, ¡mire por dónde camina!» la conminó él, ella solo pudo pedirle disculpas al malhumorado que seguía alegando y que escuchó hasta que se alejó del lugar. Cuando pudo, tomó un bus de transporte urbano, sin saber para dónde iba. El bus estaba atestado de comida, animales y de las mujeres que, a diario, sacaban sus mercancías para venderlas en el sitio de abastos más grande de la ciudad. La música de despecho acompañaba a los pasajeros. Todas las miradas estaban puestas en la extraña mujer que no tenía nada que ver con los acostumbrados pasajeros de esa zona de la ciudad.

—¿Qué le pasa?, ¿se equivocó de lugar o qué? —le preguntó un hombre joven a la Felina.

—¿Por qué se mete en lo que no le importa? —respondió ella, temerosa pero altiva, tratando de marcar su territorio.

Su viaje duró hasta que vio un lugar familiar y por fin supo dónde se encontraba. Se bajó del bus que la dejó sorda por unas horas. Se sentía además entristecida, no por su seguridad, sino por el sórdido mensaje de las canciones que tarareaban los pasajeros, música de carrilera de rabia y desolación. Comprendió, en medio de su miedo, que la cultura popular está inundada de mensajes execrables que caían en el imaginario colectivo incentivando la violencia, la guerra y una sarta de mentiras que se imponían en la población para enajenar sus mentes e incentivar a la violencia, a la guerra, al odio.

Mientras ella escuchaba a Elis Regina, Rubén Blades, Rolando La serie, Willy Chirino, Nara Leão o Mercedes Sosa, sintió una culpa inexplicable. «¿Qué hicimos los intelectuales por salvar a nuestro pueblo de esta alarmante verborrea narco-violenta que dejaría en la futura generación un odio recalcitrante por vivir, hacia los demás?» «Hasta dónde llega la responsabilidad de los que han recibido una mediana educación por salvaguardar y proteger a los niños de estos sistemas imperantes en que se desinforma para dividir y gobernar sin mayor problema» se preguntaba. Las paredes del apartamento donde la Felina vivía estaban blindadas por la música clásica, la obra completa de Mozart y las estaciones y otras composiciones de Vivaldi, se escuchaban a lo largo del día, acompañándola en sus reflexiones de vida y lucha

Lloraba en silencio por no saber de su mamá, una mujer de carácter fuerte, pero con una experiencia de vida excepcional. Se había casado muy joven con un hombre que tenía un hobby muy particular: las mujeres. Las deleitaba con su perfecto y alegórico lenguaje y con su forma exquisita de bailar. Entonces, su madre tuvo que lidiar prácticamente sola con sus siete hijos; trabajando como maestra en un lugar recóndito de la civilización. Dado su estado de enamoramiento, abandonó sus estudios para casarse con el que pensaba era el «príncipe» de sus sueños. Sus padres no lo aceptaban por su funesta reputación, pero ella no escuchó su consejo, tomó sus decisiones y terminó en los brazos de Quique, el brillante periodista.

No obstante, su amor por salir adelante la hizo buscar la forma de estudiar. Bordeaba los 40 y tantos cuando se benefició de un programa que el gobierno ofrecía para hacer el bachillerato por radio. Durante esos años, era muy divertido verla en su cama, escuchando al locutor y siguiendo sus instrucciones. Siempre había un hijo que le ayudaba a entender las lecciones. Las que menos le llamaban la atención eran las de matemáticas; siempre peleaba con ellas arguyendo la inutilidad de su existencia… Hasta que finalmente ¡lo logró! Un tiempo después y con la ayuda de sus hijos, quienes la mimaban, pudo terminar su maestría en supervisión educativa en una de las prestigiosas universidades de la ciudad.

Era una mujer bella; sus grandes ojos verdes comparables solo con las aguas diáfanas del mar. Pulcra en su vestir y en sus modales, tenía una determinación que derribaba barreras. La Felina, quien amaba a su madre, prefirió vivir con una tía que amaba y aprovechando la calamidad que estaba viviendo su primogenitora porque, a la postre, sabía que ella no le permitiría hacer lo que ella anhelaba. Como cantaba el abuelo Vicente: «El enemigo sabe a quién le sale». Se trasladó, con el consentimiento de su madre, a la casa de su tía, ya que encontraba en este ser impresionantemente inteligente una amiga solidaria, con quien compartía su amor por la literatura, por la libertad de los pueblos y por la justicia.

La Felina lloraba por sus hermanos, por su situación; eran días de oscura tristeza. La Felina de antes había fenecido y ahora, el llanto, la soledad y el dolor eran su compañía. Anhelaba volver al seno de su familia, abrazar a su madre y expresarle el inmenso amor que le tenía, hablar con su amada tía de Gabriel García Márquez, su escritor favorito, contarle las historias de Oriana Fallaci cuando entrevistaba a la mayoría de los personajes más famosos del planeta; solía tener en su pequeña biblioteca libros de filosofía y ciencias políticas entre ellos, a Franz Kafka o a Karl Marx, a quien la Felina leía en sus noches de insomnio esperando noticias de «arriba», de las montañas de Colombia, desde donde se transmitían instrucciones que llegaban a sus miembros

Ya no eran los días de intensa actividad clandestina, de tertulias con los líderes más populares del movimiento político de aquel entonces. Era militante de izquierda y, pese a su corta edad, era respetada por sus planteamientos y por su conocimiento de hermenéutica política, valiosa a la hora de las eternas discusiones sociales. Presentaban sus estrategias para contrarrestar a gobiernos corruptos e inoperantes, que dejaban a su paso pobreza y más guerra. Tenían diferencias políticas, algunas irreconciliables, respecto a la manera como se concebía la guerra de guerrillas o las formas de lucha, que se dirimían con gestos y acuerdos de paz que siempre se respetaron. La disertación era bienvenida en la mesa porque motivaba la discusión sana entre posiciones políticas radicales, la mayoría de las veces.

El tiempo pasaba y cada día la Felina estaba más sola. Un día, un miembro del secretariado del grupo terrorista, la buscó en su escondite y le propuso viajar a Rusia a estudiar medicina, cosa que la Felina rechazó de manera inmediata. Posteriormente, tendría que reconocer, su enfermiza testarudez, sus torpezas, su impertinencia y, en general su innata costumbre de cometer errores. Tuvo, por fin, que aceptar su incompetencia para discernir y establecer la diferencia entre lo bueno y lo malo, que el mundo no es cuadriculado, y que nadie es dueño de la verdad absoluta, para admitir que sus acciones cotidianas la conducirán al abismo. Ellos, que habitualmente tenían respuestas cortantes y determinantes, en esta ocasión le respondieron: «Hablaremos con el resto de los miembros del secretariado y le haremos saber su decisión, en estos tiempos de la guerra fría es lo único que podemos ofrecerle».

En la clandestinidad, los días eran largos. Una noche, la Felina abandonó temporalmente su encierro y visitó la biblioteca de la gran ciudad. Leía un libro de Freud cuando una mujer se sentó muy cerca de la mesa donde ella estaba. Con un café en la mano, empezó a mirarla con una intensidad que superaba los límites de la normalidad. La observó todo el tiempo, hasta que se le acercó y la invitó a tomarse un café en su compañía. La Felina, obviamente, no aceptó el ofrecimiento, aunque la mujer le insistía que compartiera un momento con ella.

—Tienes unos ojos hermosos y me fascinas —le dijo la extraña mujer.

La Felina palideció, sus dedos estaban helados. Sabía que esta aparente lesbiana era una tira.

—No tomo café, es que me produce migraña —respondió ella, fingiendo una actitud más amigable para no delatar su temor—. ¿Vienes a la biblioteca seguido?, ¿cómo te llamas?

—Me llamo Raquel, y sí, vengo todas las noches. Podríamos volvernos amigas —replicó la mujer, con una sonrisa.

—Encantada, mi nombre es Sabrina.

—Me fascina leer —continuó Raquel, sentándose a su lado.

—¿Qué tipo de lectura?

—Me gustan las novelas de acción, de espionaje. ¿Y a vos?

—No, yo leo filosofía y psicología. Me encanta. —La Felina sentía que la conversación acababa y pensaba retirarse, por lo que hizo el ademán de levantarse.

—¿Qué te que parece si caminamos un rato? La noche es bella y esta parte de la ciudad es preciosa—sugirió Raquel, interrumpiéndola.

—Quiero terminar mi lectura... —respondió ella, nerviosa—. Dejemos la ida para otro día, ¿te parece?

—Pero ¿por qué no descansas un poco? Te va a encantar caminar un rato —insistió Raquel.

La Felina sabía que podía ir porque a esa hora ese sitio de la ciudad era frecuentado por universitarios de la zona, por lo que ella tendría cómo refugiarse en caso de que algo sucediera. Así que empezaron su caminata, el pánico invadió a la Felina porque había lugares extremadamente solos, ni carros pasaban.

—Te he visto ya varias veces en la biblioteca —dijo Raquel, acercándose—. Desde el primer momento, me enamoré de ti. ¿Tienes novio?

—Me gusta venir a la biblioteca porque, además de los libros, me encanta caminar desde mi casa hasta aquí y disfrutar de la naturaleza, la gente de la capital es tan privilegiada: bibliotecas, paisaje, este clima tan apacible... —respondió la Felina, evadiendo el cuestionamiento de esta insistente mujer.

En su interior, sabía que Raquel era un policía encubierto porque era la primera vez que la Felina iba a ese lugar. Entonces le siguió el discurso asumiendo que era cierto todo lo que le comentaba. De pronto, la Felina aprovechó una oportunidad para escapar cuando se encontró con un tumulto de estudiantes que había en un «llegadero» nocturno, donde la música y el griterío de los asistentes eran ensordecedores.

—¿Me esperas? Solo voy a comprar una soda —explicó la Felina con aire inocente.

—Yo te acompaño —respondió la mujer, intimidada por la cantidad de gente a su alrededor.

—No es necesario, el lugar está muy lleno. Espérame, ya salgo —insistió.

—Ok, yo estaré aquí, no te demores —contestó Raquel a regañadientes.

La Felina entró al lugar y desesperadamente buscó una salida alterna. De pronto, se encontró con unas escaleras que llevaban a un segundo piso. Subió con cuidado mientras su corazón latía a velocidad de vértigo, sin saber si encontraría una nueva forma de fugarse. Al fondo, vio una habitación grande, con una ventana a la calle, y en ella una mujer joven que jugaba con su niña. La Felina golpeó tímidamente la puerta.

—¿Usted quién es? —preguntó la mujer asustada.

—No te preocupes, estoy aquí porque hay una mujer siguiéndome. Solo quiero esconderme por un momento —respondió la Felina, tratando de calmarla—. ¿Me podrías ayudar? Si nos acercamos a la ventana la podemos ver...

Efectivamente, cuando las mujeres lo hicieron, pudieron ver a Raquel, en compañía de otros dos hombres. Adicionalmente había un carro estacionado a unos metros del bailadero y uno de estos hombres caminó unos pasos más para hablar con el conductor.

—¿Hay alguna otra forma de salir de la casa sin pasar por el bar? —preguntó la Felina.

—¿Qué hiciste?, ¿eres una delincuente? —preguntó recelosa la mujer.

—No, soy estudiante y tú sabes, la policía ve en cada uno de nosotros a un terrorista. Solo soy activista política, pero, por favor, ayúdame a salir —rogó la Felina.

Al ver que su actitud era sincera, la mujer, solidariamente, le señaló la parte trasera del jardín, que comunicaba con la casa de una amiga. Rápidamente bajaron hasta el patio de la casa, que tenía árboles frondosos y un acceso secreto a la vivienda vecina. La mujer había llamado por teléfono a su amiga y vecina, Adriana, y le había comentado la situación. Al cabo de unos minutos, Adriana emergió de los árboles, dispuesta a ayudar a la Felina a escaparse de las garras de Raquel, que ansiosa la esperaba afuera. La llevó a la entrada de su casa, abrió la puerta con cuidado y salió. Adriana fingió que limpiaba los bordes de su ventana y, cuando un grupo de estudiantes se acercó, le avisó a la Felina para que se escondiera entre ellos. La Felina salió entonces del lugar, no sin antes prometerle a su cómplice que la volvería a visitar cuando se tranquilizara el ambiente.

La Felina siguió las instrucciones de la desconocida mujer, se ocultó entre los estudiantes y atravesó la calle para tomar el primer bus que pasaba. Se sentó en la silla junto a la ventana, desde la que observó a los policías desesperados buscándola. Ella, con un suspiro, soltó una lágrima que inundó su corazón de rabia, las circunstancias de su diario vivir que debió soportar un año más mientras estuvo en la clandestinidad.

Durante la última etapa, una noche en que las estrellas brillaban por su ausencia y el silencio se propagaba en sus entrañas, la Felina no pudo resistir la situación. Su deseo era salir y tomar aire puro, volver a sentir las ruidosas y desordenadas noches de la capital que tanto la apasionaban. Entonces, se disfrazó para ir a la casa de su prima Yoyo, que vivía muy cerca al sitio de su refugio. Se vistió de una manera tan extraña que quedó irreconocible, incluso para Emmanuel.

—Soy yo, ¿no me reconoces? —le dijo, al encontrar a su novio esperándola, a tan solo unas cuadras de distancia.

—No —contestó Emmanuel—, estás convertida en otra mujer, pero me gusta más la Felina irreverente —le regaló una sonrisa solidaria y cómplice, para darle un momento de felicidad a su atribulada novia.

Tomaron un taxi, que los dejó a unos metros de la casa de su prima, por prevención y para auscultar la zona. La Felina tenía que llamarla cuando estuviera cerca, para que ella revisara los alrededores. Todo estaba en aparente calma, hasta que la Felina miró hacia la otra esquina del bloque y cuando avistó en la distancia a Raquel, la mujer que meses atrás la había abordado en la biblioteca de la ciudad. Se encontraba en la entrada de una panadería y hablaba por un radio. La Felina tomó a su novio de la mano e intentó permanecer en calma.

—Ve y buscas un taxi, nos están siguiendo— dijo, simulando una conversación normal. — ¿Por qué dices eso? —preguntó Emmanuel, experimentando el miedo de la persecución. Palideció y sus manos se congelaron.

—¿Ves esa panadería que está al otro lado de la avenida?

—Sí, la veo —respondió Emmanuel, todavía nervioso.

—¿Y ves esa mujer hablando por el radio?

—Sí, ¿quién es? —replicó Emmanuel, sorprendido por la aparente calma de la Felina. —Es la policía encubierta de la biblioteca —respondió ella.

—¿Qué vamos a hacer?

—Nada, —respondió la Felina, aun sin mirarlo a los ojos—. Yo espero aquí atrás y vos vas por un taxi. Nos vamos para otra ciudad donde tengo una amiga. Por ahora ve y so pretexto de comprar pan, acércate a la mujer y escucha su conversación.

Sorprendido, Emmanuel decidió seguir sus instrucciones sin decir palabra.

—No te demores, estamos en peligro —añadió la Felina.

En esos tiempos, por seguridad, la Felina guardaba en su maletín disfraces rápidos que le permitían huir de las autoridades en caso de persecución. Emmanuel entonces se puso una bufanda y una gorra, y salió a cumplir la misión. Los minutos que demoró su novio trayendo el taxi fueron una eternidad para la Felina quien, desde su pequeño refugio, miraba alrededor tratando de seguir paso a paso el trayecto de Emmanuel. Lo vio atravesar la calle y llegar a la panadería y, cuando desapareció de su vista, la Felina se sintió desfallecer. Luego de unos minutos, Emmanuel salió del lugar llevando consigo una bolsa con pan y se ubicó muy cerca a la mujer, aparentando esperar el bus. Cuál sería su sorpresa cuando la escuchó reportando por el radio que le estaba siguiendo los pasos a la Felina y dijo:

—La estoy esperando, en cualquier momento puede aparecer en la casa de su familiar. Esto es de paciencia, toca esperarla. La última vez que la vi, se esfumó entre la gente, pero esta vez es distinta, no voy a descansar hasta que la capture.

Emmanuel sintió que se iba a caer del susto, no musitó palabra después de haberle contado a su amada novia lo que había escuchado. Esa noche, después del incidente, tomaron el taxi y viajaron por unas cuatro horas hasta una finca en clima templado, donde su amiga Clara la esperaba con los brazos abiertos. Al llegar, le reclamó por su ingratitud y se quejó de que no la visitaba tanto como deseaba. Clara estaba al tanto de las andanzas de su fiel amiga, era mayor su gratitud y aprecio por lo que no le importaba o no medía las consecuencias de sus actos. Así las cosas, y presionada por Emmanuel, que no resistió más ese tipo de situación, la Felina por fin reconoció que debía cambiar radicalmente. En una bolsa plástica envolvió todos los documentos que llevaba consigo que podrían comprometer su responsabilidad y la de sus camaradas. Buscó en la parte trasera de la enorme casa, el patio; cerca de los árboles de mango hizo con la ayuda de Emmanuel un hueco profundo, donde enterró el paquete que contenía una lista importante de miembros del comando urbano, números telefónicos, y planes de operaciones clandestinas, juntamente con el revólver que le habían asignado para su seguridad personal, así clausuró una etapa importante de su vida.

Para ese entonces, justamente aprovechó el proceso de amnistía ofrecido a la guerrilla por el gobierno de Belisario Betancur en 1985, cuando ella bordeaba los veintiún años.

La noche anterior llamó a su abogado, resolvieron que Emmanuel se comunicaría con él para acordar el día en que la debía esperar en la entrada de la Alcaldía Municipal de la ciudad, donde se haría todo el proceso jurídico de su amnistía. En el momento en que colgó el teléfono, sintió un miedo profundo, tenía que viajar en la madrugada para no ser interceptada por la fuerza pública. Estaba en su sitio de clandestinidad, y usando su sagacidad, procuró salir de su casa sin llamar la atención de los chulos que custodiaban habitualmente el vecindario, revisó la parte trasera del pequeño edificio, pero no avizoró salida al exterior, llamó a un primo que vivía en otra ciudad, y le pidió el favor que la recogiera en su apartamento, que entrara el carro al garaje del edificio, y fue así como bajó por las escaleras y se montó al baúl del carro, su primo la condujo hasta la salida de la capital, y allí en la madrugada tomó un bus de servicio público que la llevaría a la libertad.

Durante el trayecto del viaje su corazón latía fuertemente, sus pies estaban congelados, su mirada era vaga y sus manos se movían de un lado a otro. La Felina sabía que si en esas 6 horas de camino era detenida estaba perdida, pues no podría acogerse a la ley de amnistía; cada persona que subía al bus era un tira para ella, pues su estado de paranoia era más intenso que la razón misma, respiraba intensamente, tal vez en su subsconsciencia extrañaba los días en que comandaba operaciones clandestinas, cuando su irreverencia no tenía límites, cuando la irracionalidad allanó sus sentidos y ni siquiera se permitía sentir temor o dolor, pero este encuentro con la realidad era diferente, alarmada asistió a su cita como si fuera su propio funeral, porque sintió la muerte muy cerca, sin saberlo estaba adaptándose a lo peor, caer presa en una mazmorra y podrirse en una cárcel sin el apoyo de sus antiguos "camaradas".

Finalmente, y después de un largo período de ensimismamiento que le dejó un eccema generalizado en el cuerpo por su grave estado de ansiedad, llegó al sitio indicado, tomó un taxi, hacia la casa de unas amigas incondicionales de su tía, quien era la persona que había coordinado la logística para que la Felina llegara sin ningún problema a la ciudad. Al otro día se desplazó con todas las medidas de seguridad al sitio acordado con su abogado, quien la recibió con los brazos abiertos porque siempre había tenido un afecto muy grande hacia ella. Cuando la Felina estuvo segura descansó con un respiro profundo y una alegría que invadió su cuerpo de un calor inentendible.

El camino hacia la amnistía fue engorroso porque la Felina exigía que la entrega se hiciera en privado, cosa que el alcalde de la ciudad no quería debido a presiones de la prensa. Ya en la audiencia, el fiscal la seguía nombrando por su nombre de guerra, la Felina se negó a firmar hasta que él respetuosamente la llamara por su nombre original. Su abogado, un hombre progresista y prestigioso, que siempre había estado al servicio del partido político de la ciudad, la instaba a no ser tan altiva y le recordaba que, si no se sometía a la ley, la esperaba un consejo verbal de guerra, dada la evidencia que tenían los órganos de inteligencia del estado. Tal vez fue ella la única que, por su testarudez, hizo más engorroso el proceso, pero al final, las partes firmaron un acuerdo que daría por terminada una etapa muy importante en la vida de esta valiente mujer.

## Capítulo 8. El asesinato del último integrante del grupo

Años atrás, cuando la Felina fue convocada por la guerrilla para trabajar en la red urbana de apoyo, abandonó temporalmente sus estudios de Sociología. Así las cosas, después del proceso de amnistía, ella reinició inmediatamente su vida universitaria, aunque en una carrera totalmente diferente a la que antes cursaba. Todo andaba bien, asistía con disciplina a la universidad, hasta que un día, la decana de la facultad de ciencias de la salud interrumpió intempestivamente su rutina y la llevó hasta su oficina.

—Siéntate y respira profundo —le dijo. Su palidez delataba que algo muy grave había sucedido.

—¿Qué pasó? —preguntó la Felina.

Acostumbrada a todo tipo de desgracias, había pensado por un momento que su cuerpo estaba blindado y podía soportar toda la tristeza y la tragedia.

—Han encontrado a José, el director del grupo musical, muerto —respondió.

En su mirada reflejaba el dolor y la angustia que la noticia le había producido. José era el fiel amigo que años atrás, había descubierto su talento para cantar y quien había influido para que aceptara la propuesta del camarada Marcos de hacer parte del «grupo selecto de infiltrados». Estaba desaparecido hacía un par de días y su ex esposa había reportado su ausencia a los dirigentes políticos de la universidad. Era un hombre probo, amigo de la guerrilla, ya que su familia era parte del grupo al margen de la ley y había crecido en una zona guerrillera. La Felina era su consentida, era tanto su afecto hacia ella que componía canciones solamente para su voz y no permitía que nadie más las cantara porque la consideraba su hermana, su camarada y su amiga, quien lo había acompañado en cada uno de los retos que le había tocado vivir. Siempre reconoció que ella fue determinante en su crecimiento como músico y militante.

De todos los integrantes del grupo, hasta ese momento, solo ellos dos sobrevivían. Se habían protegido el uno al otro, no querían hacer parte de la ruleta rusa en la que se habían metido, no querían ganar el tiro de gracia. El paso por el grupo musical fue una maravillosa experiencia para la Felina, recorrió todo el país: su voz se propagó por pueblos, veredas y montañas, llevando a cada poblador un mensaje de amor y de esperanza. Tenía una soltura que le permitía «comerse» el escenario y jugaba con los asistentes con tal desparpajo que los contagiaba con su alegría. El amor de su vida, ese hombre a quien conoció tocando guitarra, la acompañó en cada uno de esos acontecimientos, lo que consolidó su relación hasta nuestros días.

Un fin de semana cualquiera, la Felina recibió la visita de su amigo José, como era de costumbre. Era un viernes de una tarde de mayo, la presencia de las flores inundaba el lugar de un olor especial y formaban una llanura interminable que se esparcía por cada calle; el aroma de la tierra declaraba que el tiempo ya era apto para amar, para salir a jugar, para disfrutar de la belleza indescriptible de la naturaleza.

—Nos vamos este fin de semana para el lago afuera de la ciudad. ¿Quieres ir con nosotros? —le preguntó José, quien con una sonrisa solidaria intentaba convencerla.

—No José, tengo que estudiar —contestó la Felina.

No quería salir con ellos por la animadversión que sentía por la nueva compañera de José, y porque realmente tenía un examen que era muy complicado el lunes siguiente. Adicionalmente, en el fondo de su corazón presentía algo tenebroso.

—Jaja, ahora la camarada ocupa su tiempo en la lectura y las buenas costumbres.

José sonrió, tratando de burlarse de su entrañable amiga, a quien siempre le había demostrado que el cariño que le profesaba era tan genuino e intenso que siempre los mantendría unidos, indistintamente de la situación que tuvieran que vivir.

—Por favor, José, cuídate, vos sos el único amigo que me queda —sentenció la Felina—. Vos sabes, José, cuánto te quiero y te aprecio, eres un hombre valiente y guerrero, y las cosas sin ti no tienen el mismo sentido. Cuídate, recuerda que los chulos todavía acechan, no te confíes. José se había divorciado de su esposa y tenía una nueva compañera, y la Felina sospechaba que era una infiltrada.

—A propósito, ¿con quién vas a ese paseo? —preguntó desconfiadamente.

—Ya sabes, con Alicia y unos amigos de la familia.

—Ten cuidado con Alicia, recuerda que todavía no confío en ella.

—¿Cuándo se te acabará esa paranoia?, ¿cuándo será el día en que podamos sentarnos como familia y disfrutar junto a mi compañera? — preguntó José, mirándola detenidamente—. ¿No crees que ya es tiempo de que cambies de actitud y por lo menos intentes ser su amiga? Hazlo por mí, me siento mal porque no podemos compartir los gratos momentos, risa y locura, tu prevención en contra de Alicia rompe todos los cánones del sentido común.

—No sabes cuánto deseo que ese día llegue, pero leeré las razones que me dicta el subconsciente, algo me dice que la bella y dulce Alicia no es de fiar, es fría y su mirada es vaga, parece un ave escondida en un árbol, nadie logra sacarla de su ensimismamiento.

José sonrió tímidamente y partió, dándole un abrazo a su eterna amiga. José viajó, como siempre, en su motocicleta y sus amigos en el carro de su compañera, y a su regreso hizo lo mismo. Iba en su moto, acompañado solamente por su fiel guitarra, que nunca lo desamparó, y por su bolso atravesado, en el que guardaba toda clase de flautas con nombres y sonidos que solamente, en su sabiduría, él podría descifrar. Disfrutaba de la naturaleza, le servía de musa para idear nuevas piezas musicales para engrosar su ya larga lista de maravillosas composiciones, no pudo imaginar que la parca lo vigilaba muy de cerca. Nadie se percató de su desaparición y no se supo nada de él hasta tres días después, cuando fue encontrado en una alcantarilla con los oídos reventados y sanguinolentos, resultado de la tortura a que fue sometido, en la que se los estallaron usando grandes niveles de sonido.

—¿En dónde lo tienen? —preguntó la Felina.

—En el anfiteatro. —contestó tristemente la decana

La Felina salió corriendo sin mediar palabra con una palidez mórbida y una tímida e inquietante sonrisa. Llegó al lugar, allí estaba el cadáver de su hermano, de su amigo entrañable. Lo miró y gimió. Comenzó a llorar al ver sus oídos tan inflamados, de los cuales todavía se veía un poco de sangre. Tenía muchos agujeros negros en sus manos, tal vez motivados por los conductores de corriente que usaron para torturarlo hasta matarlo. La Felina tomó una toalla blanca, la humedeció e intentó limpiar los coágulos de sangre que se anidaban en su cara. El olor fresco del cadáver delataba que su muerte había sucedido apenas unas horas antes. Mientras lo limpiaba, la Felina recordó el día en que lo conoció. Ella estaba en la universidad cantando en un salón vacío y él pasaba por el pasillo cuando la escuchó.

Inmediatamente, la invitó a hacer parte de su grupo musical. La Felina, encantada, aceptó y, desde ese día, se fundieron en una camaradería verdadera e incondicional, en un amor que los obligaba a saber el uno del otro en cada jornada. Él la protegía como a la niña de sus ojos y ella, en cambio, trataba de agradarlo y de no decepcionarlo. Era un hombre sabio, un tanto malgeniado, pero a la Felina eso no le importaba porque ella era su hermana consentida, y por más molesto que estuviera él, siempre le profesaría su cariño y la trataría de manera especial. Así fue como creció una amistad que los amalgamó hasta el final. Ella asistió al funeral de José con la mirada perdida; no soportaba tanto dolor. No quiso hacerle ningún duelo, pensaba que todo lo hecho fue perdido, hasta la vida de sus más preciados amigos, así que decidió sacar a José de su memoria por siempre.

Progresivamente, fue entendiendo el engaño del que había sido víctima por casi media década. Ese amor por la guerrilla desapareció sobre todo cuando vio en la televisión a una campesina, digna de todo respeto y admiración, portando una bomba que le habían puesto estos criminales en su cuello, probablemente para pedir algún favor a cambio. Mujeres como ella, son las que, con su amor infinito y su infatigable entrega, trabajan, aran la tierra y la nutren con una sustancia especial que solamente ellas poseen. No seguía su causa, no cuando supo de los cilindros de gas usados como bombas explosivas de gran destrucción que se lanzaban en las poblaciones cercanas y mataban mujeres y niños, que corrían como ovejas al matadero, tratando de salvar sus vidas; sus cadáveres quedaban en el asfalto clamando por justicia; no cuando los burros, los perros, las bicicletas y hasta los carros se volvieron los portadores de bombas al mejor estilo de un kamikaze del medio oriente, para intimidar a las poblaciones; tanta muerte de civiles reclamada como victoria de combate .

¿Y qué celebraban? Pues los cobardes se ufanaban de su poder con un morbo satánico: dejaban pueblos tristes, sin luz, sin agua, con el destierro por destino porque creer en ellos cuando en su afán de protagonismo, secuestraron decenas de policías, civiles y políticos y los amarraron y confinaron en la selva, al estilo de los campos de concentración de la Alemania Nazi. Esos rehenes fueron privados del sagrado derecho de compartir con su familia y allegados, conminados al exilio, a la soledad, al desprecio y a la desesperanza.

Después de terminar la universidad y totalmente aislada de sus otrora actividades ilícitas, la Felina hizo una maestría en Administración Pública y preparó su tesis, que se llamó: «Resocialización de presos a la luz de la constitución de 1991». Entonces tuvo que visitar las más temidas cárceles del país para escuchar los relatos de los presos e indagar sobre la forma en que el gobierno utilizaba los recursos destinados para crear programas de resocialización de las personas que habían cometido todo tipo de delitos. En sus visitas, la Felina se encontró con uno de los criminales más peligrosos del momento, un muchacho de 19 años apodado Ternurita, quien había sido delegado por las autoridades del penal para que la cuidara, por el respeto que inspiraba.

Era el tiempo en el que los capos de la droga tenían una alta incidencia en el panorama político nacional, tiempo de estallidos y de disparos indiscriminados contra la población civil. Por esos días, había estallado un carro bomba en un centro comercial en el norte de la ciudad, por orden del Patrón, quien estaba en guerra con miembros de otro cartel de drogas, ubicado en una importante ciudad del país. Ternurita, quien tenía todo el entrenamiento «sicarial», fue a hacer el «trabajito». Sin embargo, este niño se metió las «pepas» antes de lo planeado y detonó el carro bomba, que debía haber sido activado en las horas de la noche, a las tres de la tarde, cuando el centro comercial estaba atestado de visitantes.

El artefacto dejó un gran cráter y mató un centenar de personas inocentes. Lamentablemente para Ternurita, los agentes de seguridad del Estado fueron más ágiles que él y sus secuaces y lograron capturarlos. En una visita a la cárcel, un día de esos en que los internos estaban en el patio y todo transcurría como de costumbre, la Felina vio una rata de tamaño gigante que atravesó la celda. Sus ojos rojos redondos intimidaban al más valiente, el color gris y blanco de su pelo se mezclaba con el suelo, además, se arrastraba como una serpiente. La Felina se impactó tanto que, al verla cerca de ella, aturdida, brincó y se subió a una silla, lo que causó la risa de todos los internos. El acto se repetía cada día: la rata buscaba a una persona en particular, lo que atrajo su atención. «Algo raro está sucediendo en este lugar», pensaba la Felina, intrigada. Así pasaron unos días hasta que no pudo contener su curiosidad e indagó a Ternurita:

—Oye, Ternurita, yo tengo una pregunta: ¿Por qué esa rata viene siempre a la misma hora y busca a Gordo Lindo? Es muy extraño, ¿cierto?

El afamado muchacho trató de cambiar el tema, la Felina le volvió a preguntar:

—Ternurita, ¿me escuchaste? ¿Qué pasa con esas ratas que van y vienen sin ningún control? Además, parece que no molestan a nadie, y eso que son horribles....

—Bueno —balbuceó Ternurita—, le voy a contar, pero tiene que tener cuidado, si dice algo de esto a los funcionarios del penal, la ponemos a «chupar gladiolo», ¿me entendió? No se le vaya a dar por hacerse la inteligente porque no respondo, Monita —replicó el joven, cuyos ojos verdes resplandecían de una manera especialmente hermosa.

La Felina le prometió silencio absoluto y Ternurita le empezó a relatar cómo las ratas se convertían en medios de transporte de un patio a otro. Las entrenaban para portar drogas, pequeñas navajas o mensajes que contenían los números de teléfono de contactos importantes. También las usaban para enviar códigos cifrados para liderar operaciones ilícitas, sin que las autoridades de la prisión lo supieran, o por lo menos, así parecía; ¿cómo, o de qué forma, estos hombres, los más custodiados del país, contaban con tanta información privilegiada?

—¿Y cómo las entrenan? —preguntó la Felina, absolutamente sorprendida por la habilidad e inteligencia de los colombianos.

—Fácil, Monita, se les da droga y comida, ellos les acarician el cuerpo mientras comen, mejor dicho, las abejorrean, y las «pirobas» esas se derriten de la pasión. Usted me entiende, ¿cierto?

La Felina asintió con su cabeza y Ternurita prosiguió:

—En el patio cinco, por ejemplo, un jíbaro la alimenta a la misma hora y la envía al patio cuatro, allá la espera alguien que le ofrece otra dosis. La rata se la pasa trabada todo el tiempo y pide más y más droga, ella va y viene para recibir su dosis diaria, ¿sí me entiende, Monita? Esas ratas viven pasadas de maracas, y los «parceros» usan su traba para pegarle en su barriga las cosas que ellos necesitan sacar. Hay muchas así en los patios cuatro y cinco, no sé en los demás.

—¿Qué cosas transportan? —preguntó la Felina, asombrada por la sagacidad de los internos.

—Huy, Monita, se me volvió periodista, ¿o qué? ¿qué le pasa? Pues cosas que necesitan, como números de teléfonos, perica, puñales… No me pregunte más que ya me tiene mamado, Monita, en serio se le está yendo la mano. Pilas con eso, ¿me entendió?

La Felina se disculpó al ver que ternurita se había molestado por su intenso cuestionamiento. Él lo relató como si se tratara de cualquier rutina. Ese día, la Felina salió trastornada del penal. La angustiaba la realidad sórdida del país, la forma sistemática en que la vida criminal había cercenado el camino del bien y utilizaba el talento del colombiano común para lograr sus fechorías. Era impresionante como en esos cerebros desperdiciados había tanta sagacidad; mientras los gobiernos corruptos aprovechaban las circunstancias para robar y mancillar, estos muchachos sin futuro habían sido caldo de cultivo de los grupos criminales, que los utilizaban de carne de cañón.

Cuando terminó su maestría, la Felina se vinculó como auditora a una institución de salud muy prestigiosa. Viajaba por todo el país evaluando equipos multidisciplinarios de salud, ese trasegar por la vida le permitió acercarse otra vez a la guerrilla. No obstante, esta vez era de manera diferente: buscaba pruebas para llevar a los criminales a la justicia. En sus resultados como auditora descubrió detalles escabrosos, encontró que infiltrados de la guerrilla trataban a sus militantes heridos en combate, con medicamentos robados al sistema que habían sido obtenidos para cubrir enfermedades catastróficas, como antibióticos de tercera generación, retro virales, y medicamentos oncológicos y hematológicos. Aprovechando el conocimiento adquirido años atrás y su paso por la guerrilla, revisó cada detalle de la investigación y, para sorpresa de todos pudo evidenciar la pérdida de por lo menos tres mil millones de pesos.

Esta actividad ilícita la hacían a través de los camilleros, los porteros y hasta enfermeros, quienes escondían los fármacos en sus chaquetas náuticas y los sacaban al final de cada turno. Hacían su labor y de manera fácil y segura: tenían taxis a su servicio esperándolos a la salida de la institución. También lanzaban desde un segundo piso, bolsas llenas de pequeños empaques que contenían medicamentos para tratar el SIDA. Aunque ellos no los utilizaban, los vendían en el mercado negro porque costaban muchísimo dinero. Cuando su investigación acabó, la Felina denunció a cada persona con su nombre ante las autoridades. Fue tanto el éxito de la operación que los órganos de control se infiltraron y, presumiendo ser empleados afines con los movimientos guerrilleros, pudieron dar con todos los cabecillas de ese grupo de traficantes de medicinas a quienes sentenciaron y encarcelaron.

No obstante, en este país totalmente polarizado e invadido por fuerzas oscuras, fácilmente se filtró la información y los jefes de la guerrilla supieron quien los había delatado. Se desató una guerra sucia contra la Felina, quien comenzó a recibir sufragios todos los días «Queremos invitarlos al funeral de una persona imprescindiblemente especial», fueron los mensajes con los que empapelaron todo su sitio de trabajo, ayudados por miembros oscuros del sindicato de la institución donde ella trabajaba. «Sabemos dónde están sus hijitas y vamos por ellas», «sabes mona, te dejamos un regalito en el auto», o «te vamos a enviar a chupar gladiolos», eran las amenazas que ella recibía en su bíper.

El comando del frente donde otrora la Felina era bienvenida, se encargó de perseguirla y declararla objetivo militar de la guerrilla. Sabían dónde vivía, dónde era la casa de su madre, quiénes eran sus amigos y dónde trabajaba. Esta circunstancia se convirtió en una tortura para la Felina, su esposo y sus hijas; tenían que mudarse de sitio en sitio y de ciudad en ciudad para evitar ser retenidos y asesinados por el sangriento grupo guerrillero, como ocurrió con el padre de la Felina. Era aún más doloroso para ella que su familia no podía saber nada, y que debía tener extremo cuidado cuando visitaba la casa de su madre.

En el segundo embarazo de la Felina, su médico obstetra programó su cirugía con el debido tiempo y dedicación, ubicando personas claves afines a la gerencia del centro hospitalario en el momento del parto. Cerraron las otras salas para garantizar que ningún infiltrado supiera que la Felina estaba dando a luz, para evitar que ella o el recién nacido corrieran cualquier tipo de peligro por parte de esos mercenarios. Pero lo que ellos, ni ella misma, se imaginaban, era que el Eterno Dios peleaba sus batallas, como cuando sacó a su pueblo de Egipto. El Faraón, con un séquito de soldados y de caballería, no pudo contra del pueblo hebreo, porque si estás con Él, ¿quién contra ti? Nació entonces Simeone, una foto exacta de su madre. Sus grandes ojos verdes expresaron desde muy pequeña la sensibilidad que poseía. La Felina y su esposo se concentraron en el cuidado de sus hijas, procurando brindarles seguridad, juegos y experiencias sanas que les permitieran evolucionar y ser personas de bien.

Todo en su vida era aparentemente normal, aunque en el intento de acabar con su vida, el asedio de la guerrilla en contra de su antigua militante no cesó. No podían perdonarle el hecho de que hubiera denunciado y encarcelado a infiltrados de su grupo, que fungían como empleados para desangrar los recursos del Estado, tampoco podrían dejarla viva porque ellos eran conscientes de la información importante que manejaba, sobre acciones y hechos ejecutados por sus frentes, que involucraban a algunos miembros todavía activos. Su vida era muy difícil, su esposo no resistía la presión que esa situación traía cada día, cada momento. No confiaban en nadie, la paranoia y el delirio de persecución se apoderó de ellos. Esta situación los enfermó, los tiró a la lona, se hizo insoportable. Decidieron entonces salir del país y radicarse lejos, donde pudieran volver a rehacer sus vidas.

Huyendo del odio de la guerrilla, y sin ninguna protección del Estado, la familia llegó a España, ayudados por una amiga de la Felina que era enfermera y quien al principio les colaboró para radicarse en Barcelona. Era un lugar extraño para ellos, aunque sus anteriores generaciones procedían del país ibérico, las palomas no volaban de la misma forma que lo hacían en su tierrita de origen, la siesta era más larga y los sueños menos atractivos. Sus pueblos fantasmas y el carácter iracundo de sus pobladores no le dieron la mejor bienvenida a esa familia, que lo único que buscaba era paz en sus vidas después de un tiempo de tribulación.

Labrando el camino, conocieron a un músico joven, hijo de un banquero, quien generosamente les tendió la mano para empezar su vida financiera. Así fue como, con valentía y coraje, empezaron su pequeño negocio: un restaurante «Sabor Latino». La Felina y su esposo adornaron el lugar de tal manera que se volvió la sensación. La decoración suponía una casa «paisa», como se le llama a los provenientes de la región antioqueña de Colombia. Tenía helechos y los olores propios de la montaña a tierra, a quebrada y sobre todo a café. La competencia entre la arquitectura del nuevo mundo y la de Gaudí. Incluso los funcionarios de la alcaldía lo visitaban frecuentemente y lo catalogaban como un sitio «exótico».

Con la comida de la tierrita se deleitaban todas las prostitutas de la zona, la mayoría de procedencia latina. Estas mujeres, codiciadas por los españoles debido a sus supuestas habilidades amatorias, habían preferido volverse putas antes que recibir un salario que, según ellas, no compensaba su labor y sus talentos. Al final, la Felina no entendió si la fama del restaurante se debía a que la mayoría de los comensales eran de la vida alegre, o a que la comida y el diseño interior eran en verdad particulares.

Sus pequeñas niñas asistían al colegio mientras ella y su esposo trabajaban hasta 16 horas diarias para poder generar los ingresos que requerían para vivir dignamente. En muchas ocasiones, algunas colombianas que llegaban a España buscando suerte y dinero terminaban asumiendo la muy antigua labor de meretriz. En un trabajo decente se ganaban 1200 pesetas, pero en el de la gran vida recibían 10 o 12 mil pesetas mensuales. Por esta circunstancia, la Felina nunca pudo encontrar una persona que cuidara a sus hijas mientras ella trabajaba en su restaurante, donde mil cosas pasaban, dado lo particular de sus comensales.

Las prostitutas eran las reinas del ocaso: hermosas, con finas cabelleras y dientes bien cuidados. Todas procedían de Latinoamérica, de países como Colombia, Brasil, Perú, Argentina y Cuba, entre otros. Ellas provocaban la libido de los españoles, que saciaban sus instintos con toda clase de vicios, mientras gastaban enormes cantidades de dinero con estas mujeres que como serpientes se revolcaban con el mejor postor. Los satisfacían en todas las formas. Los endulzaban con el lenguaje criollo, muy apetecido por ellos. Todo para sacarles el dinero y llenarse los bolsillos, ya que estas desenfrenadas mujeres no conocían de pudor ni de amor propio.

Después de sus duras faenas, las mujeres llegaban al restaurante donde, como si no hubieran probado bocado en toda su existencia, disfrutaban los platos típicos, las sopitas de maíz, el sancocho, un plato colombiano; o el mofongo, una comida puertorriqueña a base de plátano y chicharrón, eran los protagonistas en estas jornadas. La Felina cantaba en el restaurante con su esposo los fines de semana. Los «bambuquitos» santafereños y paisas ambientaban el lugar, dándole más sabor a las arepas y al patacón, que eran los platos especiales de la casa. La trova cubana y el vallenato acompañaban los tamales que, envueltos en hojas de plátano y amarrados con cabuya, tenían un sabor latinoamericano, una mezcla de hallacas de todo el caribe con corazón colombiano. La música era prominente, le recordaba a la amada tierra de donde procedían. A todo esto, se sumaba la soda colombiana y los jugos de frutas exóticas, guanábana, lulo y otras cultivadas en el caribe.

Sus clientes eran fijos; su esposo tenía que llevar domicilios a los sitios de alterne, como llamaban a los lugares que las prostitutas rentaban para recibir a sus clientes. Asimismo, llevaban comida a los «puticlubs», bares atestados de mujeres de la vida alegre. Emmanuel, muy puesto en su sitio, le llevaba los frijolitos a la «paisita» que lo recibía vestida de gata, solo con las medias, la cola y las orejas.

Maricela era una de ellas, le fascinaba entrar a la cocina del restaurante a regatear «la pega», el arroz que queda adherido a la olla. Era una mujer hermosa con una cabellera ensortijada, ojos color miel y piel color canela. Su apariencia era como un veneno embriagador entre los forasteros, que caían rendidos a sus pies, como gusanos ansiosos de carne fresca.

—Maricela, vos ¿cómo hacés pa 'acostarte con esos desdentados olientes a feo? —preguntó una vez la Felina, en contra de la voluntad de su esposo.

—Yo los mando a bañar antes de hacer mi trabajo, y listo —respondió suspicazmente la mujer, sin un ápice de vergüenza en su mirada—. Fuera de eso, algunas veces me soplo un poquito de perica.

Maricela hablaba como si fuera natural drogarse para poder soportar esa vida. Fingía que su vida era fácil y feliz, pero, a la postre, era un martirio diario que tenía que padecer.

—¡Ah! O sea que fuera de «prosti», viciosa —sentenció la dueña del restaurante.

—Así es, Mija, ¿y qué? Hay que buscar la plática, se pone uno de decoroso y termina viejo y sin un peso en el bolsillo. Hay que explotar los talentos nena —explicó, mientras movía sus caderas sensualmente—, tengo que aprovechar estos añitos de belleza para garantizar mi vejez en mi país. —Maricela asintió la mirada de la Felina y cambió su actitud—. Ya estás vos como mi mamá —se quejó.

«Imagínate, que desde que abandoné la tierrita, mi mamá les cuenta a sus amigas que yo me casé con un médico y que vivo como una reina aquí en España. ¿Sabes qué hice cuando me enteré? —Los ojos de la Felina se abrieron llenos de curiosidad—. Pues, en un viaje que hice a Colombia, me senté con mi papá y con mi mamá. Ellos cuidan a mi hijo de siete años y yo les envío dinero cada mes. Además, les compré una casa y un taxi...» —Por un momento, la mirada de Maricela se perdió en la nostalgia—. Entonces les dije, «¿qué es eso de que yo me casé con un médico en España? ¿Ustedes saben cuál es mi trabajo allá?». «Mi papá dijo que quería saber qué era exactamente lo que yo hacía. Y le dije: «Pues soy puta y no quiero que sigan mintiendo».

—¿Cómo pudiste hacerle eso a los viejos? —preguntó la Felina, ruborizada.

—¿Qué les hice? —Contraatacó Maricela—. Nada, enviarles platica cada mes, eso hice. Pero yo les dije: «Si no están de acuerdo, díganme y no vuelvo a visitarlos, para no causarles vergüenza» —terminó, con amargura en su voz.

La Felina recordó el cuento popular en el que una joven y bella mujer estaba sentada comiendo con sus padres después de un largo viaje. A continuación, les mostró los regalos que les había traído: «A mamá, un carro para que visite sus amigas. A mi papá, la casita para que vivan cómodamente». Su padre, algo enfadado, le preguntó: «Mija, ¿de dónde sacó ese dinero?» Y ella respondió: «Papá, soy prostituta». Ante el gesto de sus padres, continuó: «Si les molesta el origen de mi dinero, me pueden decir y yo cambio las escrituras y el nombre del dueño del carro». El padre cambió su actitud abruptamente y le replicó: «no, Mija, yo entendí que usted era protestante y eso realmente riñe con nuestras creencias». La Felina y Maricela rieron del cuento por un largo rato, hasta que, sin motivo aparente, Maricela se inundó en su propio llanto, sus ojos color caramelo se tornaron más pequeños y enrojecidos, brotó el dolor retenido en su interior tal vez por muchos años. Limpiándose las lágrimas, no musitó palabra y con una sonrisa bella, que le sirvió para esconder su estado de melancolía, salió del lugar.

En otra ocasión, llegó un grupo de clientas de la casa, eran damiselas vestidas de manera elegante, con sus respectivos compañeros. La Felina se extrañó al ver esta nueva clase de trabajadoras sexuales, y en cuanto pudo, se acercó a la mesa para charlar con ellas. Eran las damas de compañía de hombres de altos cargos públicos, que les pagaban hasta 500 pesetas por noche. De acuerdo con la filosofía de vida de estas mujeres, la esencia misma del dinero era la justificación para decidir si abrían sus piernas o no, ante estos hombres de negocios que, en el fondo con estos actos, solo escondían sus enfermedades e impotencia. Eran frívolas, y guardaban en su interior la tragedia de un ser no valorado y tratado como mercancía. Un día, su belleza se extinguirá y no quedaría más que una neblina sombría de lo que pudo haber sido, ni un recuerdo feliz, nada entrañable. Por el contrario, la pesadilla de lo vivido invadirá sus vísceras, hasta el tiempo de su muerte.

Las niñas de la Felina eran muy pequeñas y el idioma no era impedimento para comunicarse, ya que aprendieron rápidamente el catalán con sus compañeros del colegio. Sus días pasaban entre los Pirineos Franceses y el colegio, por lo cual ellas no extrañaban nada de su país de origen. Simeone, una niña de inteligencia prodigiosa, detentaba una personalidad muy definida. Cuando tenía tres años, cuestionaba todo y le encantaban los perros, tanto que le preguntaba insistentemente a su madre cuando podrían comprarle un vestido de bodas para contraer matrimonio con el amado Duck, el perro de uno de sus amigos. Su madre le estimulaba sus sueños de niña diciéndole que Duck era un perro que la amaba mucho, pero no para casarse, porque él necesitaba a una niña de su especie para procrear. Simeone amaba ir a la montaña y correr con Duck, amigo solidario, que dejó huellas de ternura en ella, lo recordaría por el resto de sus días.

Una tarde, en que su madre fue hacer una llamada a un locutorio, encontró un hombre de unos 38 años, blanco, de ojos azules, llorando y contándole al despachador que lo habían robado, que no tenía pasaporte y que no sabía a dónde iba a vivir. Eso conmocionó tanto a la Felina que solo tuvo un minuto para orar, para pedirle a Dios que protegiera a las niñas porque ella no podía dejar tirado ese pobre inmigrante en la calle. Con la firmeza que siempre la caracterizó, le dijo: «Ven a mi casa, allí vivirás hasta que resuelvas tu problema». Le llamaba mucho la atención su acento brasileño, pensaba que podría vivir toda la vida escuchándolo por su dicción cadenciosa. La Felina le preguntaba cosas para satisfacer sus instintos y escuchar una poesía alterna en cada una de sus palabras.

—Señora, no se arrepentirá de ayudarme —respondió el atormentado Joao—. Estaba de tránsito aquí en Barcelona, vengo de Belo Horizonte, Brasil. Me engañaron —lloraba como un niño—. Me robaron el pasaporte, solo tengo esta bolsa con ropa. Todo se lo llevaron.

—¿Quién te hizo eso? —le preguntó la Felina.

—Éramos cuatro amigos. Veníamos a probar suerte en Europa. En el transcurso del viaje, conocimos a un hombre español que nos dijo: «No se preocupen por el viaje a Londres, yo haré todos los contactos para que ustedes lleguen a ese país sin problemas». Nos pidió tres mil pesetas a cada uno. Le dimos el dinero y los pasaportes, porque según él, tenían que registrarlos ese día ante el gobierno para que pasáramos la frontera legalmente. Nos dijo que a la mañana siguiente nos recogería en el locutorio. Estuvimos parados todo el día en el sitio, pero el maleante nunca llegó. No conozco a nadie aquí... Gracias señora por su ayuda, usted salvó mi vida; la policía estaba merodeando y yo estaba tan asustado... Soy un profesional que nunca ha tenido problemas con la justicia.

—Vivirás en mi casa, pero si le haces algo malo a mis hijas, te mato. ¿Me entendiste? — replicó la Felina seriamente.

—No señora, lo único que haré será respetarlas y ayudarlas en lo que necesiten. —El brasileño la miró con una sonrisa tímida y temerosa.

De camino a casa, Joao le contó a la Felina la historia de sus otros compañeros: una mujer y dos hombres. La mujer era ludópata y había perdido todo en Brasil; apostó todas sus propiedades, hasta lo que no tenía; las deudas la obligaron a escapar por miedo a ser asesinada. Era una profesional sobresaliente que decidió un día esconder todas sus frustraciones y angustias en el juego hasta que este le pasó la factura y no fue capaz de parar. El dinero que tenía para escapar fue el que entregó al estafador para poder llegar a Londres. La última vez que Joao supo de ella, mucho después de su encuentro con la Felina, fue a través de un amigo común que le comentó que ella se había convertido en una prostituta muy cotizada en Madrid y que seguía dejando todo su dinero en los casinos. Los otros dos miembros de la travesía eran hermanos, ingenieros mecánicos. Uno de ellos tenía novia en Londres y quería visitarla. Para su fortuna, eran miembros de una familia muy acaudalada de Brasil e inmediatamente les ocurrió el incidente, llamaron a sus padres y, en cuestión de horas ya tenían los tiquetes que los conducirían de vuelta a su tierra natal

Cuando Emmanuel llegó a casa, se enteró que tenían un visitante. La Felina logró convencer a su marido con explicaciones cortas, llenas de razones que salían de lo más profundo de su ser. Emmanuel asintió con la cabeza en signo de aceptación, con la condición de que al menos hablaría con él. Emmanuel, hombre portador de una infinita paz en su corazón, de existencia diáfana y comportamiento intachable, era y sigue siendo poseedor de la autoridad moral suficiente para determinar si algo es justo y amerita ayuda, sin importar la gravedad del suceso. Para él, Joao, el brasileño, ameritaba ayuda, le ofreció su casa y le dijo que buscarían alguna solución a su problema. Joao le ayudaría a la Felina durante el tiempo que estuviera hospedado en su casa.

Así pasaron seis meses en los que Joao se dedicaba a transportar a las niñas al colegio y a cuidarlas. En ese transcurso de tiempo, nació una gran amistad entre Simeone y su guardián, se reían, y gozaban juntos todo el tiempo. Eran incluso cómplices, un día la Felina encontró entre las cosas de sus hijas una botella vacía de soda, bebida que les tenía prohibida. Decepcionada, enfrentó a Joao a la hora del desayuno de la mañana siguiente. El hombre palideció, parpadeó y dirigió su mirada cómplice a Sharon y a Simeone, de siete y cuatro años, respectivamente.

—Yo quería probarla mami, fue solo una y la tomamos entre los tres. Es muy dulce, no nos gustó —intervino Simeone, sorprendiéndolos a todos con su inesperada respuesta. —La soda no alimenta, la soda no alimenta —cantó Sharon, concordando con lo que decía su hermana.

—Está bien, pero si algo así sucede de nuevo, Joao tendrá que abandonar la casa y ustedes estarán castigadas por un mes —advirtió su madre, sabiendo que ellas amaban la montaña, el perro Duck y a su dueño, Kilian.

Una noche después de la cena su marido le preguntó a Joao por su vida, cosa que nunca había hecho la Felina por temor a entrometerse en su vida privada. El brasileño empezó a narrar los pormenores de su vida: era casado, su esposa era licenciada en lenguas modernas y él, ingeniero. Tenía dos hijas, pero una de ellas había fallecido en un accidente meses atrás y, por eso, él había preferido alejarse, porque no pudo soportar el dolor de esa irreparable pérdida.

—Se llamaba Maia y tenía tres años, la edad de Simeone —dijo, sus ojos se inundaron de lágrimas—. Ese día, mi esposa salió al parque con la niña y ella estaba montando un triciclo. Cuando volvían a casa, una camioneta atropelló a la niña, al parecer se quedó sin frenos. Ella entró en shock y no dijo ni una palabra hasta un tiempo después. Cuando llegué a casa después del trabajo no encontré a nadie. Estaba sorprendido porque siempre estaban ahí esperándome mis tres princesas, mis amadas, lo mejor de mi vida. Las llamé una y otra vez, hasta cuando un vecino me contó lo que había sucedido y me dijo que ellas estaban en el hospital. —Lloraba como un niño, era una escena devastadora.

—¿Por qué no me dijiste nada? —preguntó la Felina, sin explicarse cómo ese hombre había podido callar su dolor por casi dos meses.

—Quería llorar a mi hija en silencio —respondió él—. Sin que me lo propusiera, Simeone ha llenado esa ausencia y me ha permitido cicatrizar esas heridas. Simeone es un ser especial, y es extraño, porque siendo tan niña logra romper la tristeza que me hace doler el corazón.

Hubo un largo silencio en la sala, nadie quería interrumpir el llanto enternecedor de Joao. Sin embargo, Simeone entró y se preocupó por el estado de su amigo.

—¿Por qué lloras?, ¿mi mamá te está regañando por lo de la soda? —Dijo, con voz dulce—. Mami no lo molestes más, él es mi amigo y quiero que esté siempre aquí en nuestra casa.

—Sí mi pequeña princesa, ya no lo molestaré más —contestó la Felina, enternecida por la reacción tierna de su hija.

Simeone entonces se acercó a Joao y acarició su abundante y roja cabellera. *Sana, colita de rana, que, si no sanas hoy, sanarás mañana*, cantaba. Joao no tuvo más remedio que secar sus lágrimas. Esbozó una sonrisa que salió del fondo de su corazón, dándole tranquilidad a Simeone. Continuaron jugando como siempre. Joao debía asistir a largas jornadas de juego en las que Simeone era la protagonista y el buen hombre su coequipero natural. Sin embargo, como todo lo que empieza termina, un día la Felina le consiguió un trabajo y, en consecuencia, se mudó de Barcelona a Tarragona. Mientras la familia de la Felina vivía en el país ibérico, mantuvieron contacto con Joao, hasta que un tiempo después no volvieron a saber de su amigo, ni que habría sido de su destino

Fue también, a través de su restaurante, que la Felina hizo muchos contactos con músicos de la región. Un día, recibieron una invitación de la escuela de música Orfeó de Lleidatá, una fundación de Lleida, España, que tiene más de 150 años de existencia, y que ha participado activamente en la preservación de la música autóctona de España. La Felina y su esposo tuvieron el privilegio de representar a Colombia en el auditorio Enric Granados, en un concierto internacional, que contaba con la presencia de muestras culturales de Turquía, Francia, España, Perú, Ecuador, entre otros. Los ensayos para la presentación se hicieron extensos; todas las noches tenían que llegar al conservatorio y, en compañía de los músicos, debían preparar cada detalle. Finalmente, la Felina se robó el show: cada vez que esta mujer empezaba a cantar, los gitanos, en coro le decían: «Felina, Dios bendiga tu salero, olé». Había músicos clásicos mezclados con empíricos, una fusión de las más bellas que la Felina pudo presenciar.

Lamentablemente, la Felina no se adaptó a la vida en España, pese a que disfrutaba de la belleza de sus paisajes y la amabilidad sin límites de sus habitantes. Así las cosas, volvió a su amada Colombia, esperanzada en volver a trabajar y a disfrutar de las bellas mañanas que la ciudad capital le ofrecía. Le encantaba divisar las montañas, estar 2.600 metros más cerca de las estrellas. No obstante, para la Felina, volver a su país fue un sueño efímero. Después de tres años de estar establecida en su terruño, la guerrilla se enteró de su paradero e inició una persecución sin antecedentes, usando la guerra psicológica como la más agresiva de las armas; ellos sabían del amor que la Felina profesaba por sus hijas y por su esposo. Eran panfletos, mensajes anónimos que dejaban en su oficina, sufragios donde invitaban al entierro de su familia.

Emmanuel no aguantó más la situación y, en consecuencia, decidieron presentarse a la embajada de Canadá, para someterse como candidatos al programa de refugio, como quiera que el alto riesgo que tenían no iba a ser asumido por autoridad alguna y no sentían que las autoridades locales pudieran brindarles la protección adecuada. Años después, abandonaron el país y se radicaron en una de las ciudades más bellas y prósperas de Canadá. Con sus hijas muy pequeñas y su esposo angustiado por las amenazas recibidas, aceptaron el refugio y salieron nuevamente del país. Sharon y

Simeone, a sus once y siete años, prepararon los muñecos y las mejores prendas para el viaje, ilusionadas porque iban a tener la oportunidad de conocer otros mundos y tal vez contar con un futuro más tranquilo que les permitiera vivir y evolucionar en paz. Se hicieron la promesa que, aunque estuvieran en un país extraño, siempre estarían juntos, amándose, cuidándose y protegiéndose

## Capítulo 9. El exilio

Sin más preámbulos, la familia viajó a una ciudad de Canadá a finales del 2004, aún sin saber mucho del lugar. De hecho, al llegar pensaron que se habían extraviado, porque en el aeropuerto vieron mucha gente con rasgos asiáticos. Le preguntaron a una mujer que hablaba español: «¿Este país es Canadá?», y, sonriendo por su ingenuidad, ella respondió: «Sí, están aquí, *Welcome to Canadá*». El proceso de inmigración para las personas aceptadas en el programa de refugio es largo y tedioso. Después de casi 13 horas de viaje, tuvieron que esperar en el aeropuerto cuatro horas más, tiempo en el cual las niñas disfrutaron viendo personas procedentes de todos los lugares del planeta y admirando la belleza sin igual del aeropuerto.

Corrían, se divertían, gritaban y cantaban. La gente las observaba con una sonrisa cómplice, pese a las risas estruendosas. Fueron a caminar y, de repente, vieron a través de una ventanilla una niña que estaba muy triste. Parecía ser musulmana; era gordita, pálida y muy linda. Tenía su mirada fija en un solo lugar y su cara irradiaba dolor y preocupación. Estaba dentro de una oficina, acompañada de policías. Simeone, que tenía una muñeca en su mano, la agitó para intentar llamar su atención, pero resultó imposible cambiar su tristeza. Pronto se distrajeron de nuevo y corrieron para explorar un poco más el lugar.

Las invadía la inquietud al reconocer que sus expectativas por la vida que comenzaban eran muy altas; todo las sorprendía: el orden, la limpieza, el silencio… Pensaban que la gente dormía la siesta como en España donde, al mediodía, no se mueve una hoja porque el mundo entero, incluidos los animales, se dedica a descansar. De su bella Colombia, trajeron inmersa en su existencia el olor a café, a palmera, a esperanza. En sus oídos aún permanecían latentes los sonidos de su música, única en el mundo, acompañados del parloteo imponente y anárquico de las guacamayas que, trepadas en los guayaberos de las casas del vecindario, repetían groserías que los abuelos les habían enseñado.

Tiempo después de su llegada a ese nuevo país, bajo la sombra en un lugar tenue y frío, la Felina trataba de descansar pese a las inclemencias del clima, que ya reportaba niveles incompatibles con la fisiología humana. Sentía que tenía una capacidad sobrenatural de sumergirse entre la miseria y la opulencia, entre la justicia y la tragedia, entre la sabiduría de pocos y la necedad de muchos, y entre la luz y las tinieblas, así era la vida que le había tocado vivir. Su abuela Concha, de excepcional inteligencia, le decía siempre que los tiempos pasados fueron mejores, que la tierrita era más productiva en su época, que las pasiones eran más intensas, que los amores fieles y estables permitían liberar la adrenalina necesaria para sentirse vivos, que los frijoles tenían el sabor a leña de las extensas llanuras y de las elevadas montañas y que el agua de panela era esencial cuando se buscaban las energías necesarias a la hora de hacer los hijos.

Mientras la Felina filosofaba acerca de su nueva vida en otro país, Omar también se preparaba para recibir a Ruth, la niña de sus ojos, que ya tenía 12 años. En Canadá, la

Felina y su familia llevarían consigo y por siempre la tristeza de haber salido de Colombia, después de haber intentado permanecer refugiados en España. En Teherán, Nasrin preparaba a su hija para dejarla partir; ella misma no pudo superar sus dilemas emocionales, no quiso vivir más con su esposo, ahora en el Canadá y prefirió la ausencia. Omar hizo incontables esfuerzos y gastó mucho dinero en abogados, tratando de hacer el proceso de inmigración rápido y seguro para sus princesas, pero cuando Nasrin tuvo los documentos en sus manos para la respectiva firma, simplemente los destruyó, causándoles una gran decepción.

Nasrin había decidido que su vida no estaba planeada al lado de ellos. Anhelaba la libertad. Nasrin nunca entendió por qué se le había arrebatado el derecho a decidir, a pensar, a opinar y a amar. Nunca entendió el destino que le tocó vivir. No estaba dispuesta a dejar el grupo de amigos que había logrado construir mientras su marido pasaba el tiempo de viaje en viaje, aunque también entendía que no podía cortarle las alas a su hija, y por eso la dejó volar sin resentimientos.

Así, se programó para separarse de ella, sabiendo que jamás la vería nuevamente. Los días pasaban y Omar esperaba ansioso que su niña, su musa de inspiración, arribara al Canadá. Aunque desconocía la fecha exacta, era un sueño del que no podía despertar. Nasrin ahora quedaría sola en Teherán, sin nadie que le impidiera ser feliz. Decidió perseverar en su objetivo. Estaba convencida de que, un país desarrollado le ofrecería más oportunidades a Ruth de las que tuvo ella, inmersa en una cultura en la que la radicalidad de las leyes y de la religión enajenan las mentes de los humanos y los incitan a obedecer cánones de comportamiento, que la mayoría de las veces agreden la dignidad y la vida humana.

Estaban en primavera; las mariposas, de infinitos colores, rodeaban el lugar. Ruth, quien ya conocía el destino que le esperaba, lloraba en silencio por tener que abandonar su bello país sin su madre, a quien amaba, pese a que Nasrin siempre había demostrado una pasmosa frialdad hacia su hija. Las mariposas le hablaban, la consolaban, le explicaban que volar era su destino. Ruth poseía un color amarillo en su naturaleza que era solo perceptible en las llamadas Vanesa de los cardos, las dos guardaban cierta similitud. La arrullaban hasta hacerla dormir y custodiaban sus sueños, como si la divina providencia hubiera delegado en ellas la labor de protegerla y amarla, quizá etéreamente eran conscientes de la falta de amor y cariño de su madre.

Ellas siempre merodeaban el parque donde Ruth pasaba la mayor parte de su tiempo hablando con los animales, quienes eran realmente su familia. A la pequeña le preocupaba la posibilidad de dejarlos solos y perder su eterna amistad, esa relación estrecha que nació cuando ella pasaba horas enteras en ese lugar para no oír las discusiones de sus padres, o a su madre hablar por teléfono durante casi todo el día. Entre lágrimas, se despidió de su pequeño zoológico. A los sapos les delegó el cuidado de los insectos que limpiaban el parque de impurezas, a las lagartijas les indicó el respeto por el lago, que siempre frecuentaba. Finalmente, a su amado perro Kaila le ordenó permanecer perpetuamente, bajo un árbol, donde ella se sentaba para cantarles muchas melodías.

Su madre nunca le expresó su cariño y su padre la instaba a perder peso, porque, según él, estaba muy gorda. Omar no sabía que sus palabras harían tanta mella en el corazón de su pequeña, quien fue creciendo con tantas preguntas, respecto a su vida, su destino y aspecto físico y, además, con la incertidumbre de encontrar respuestas. Nasrin tenía un semblante grisáceo mientras arreglaba las maletas de su criatura, su silencio era total. Su frialdad era tal, que preparó fiestas con sus amigas para después de que Ruth hubiera tomado el avión. La niña, angustiada por las conversaciones, se preguntaba una y otra vez qué sería lo que le había hecho a su madre para merecer ese trato que la molestaba en lo más profundo de su ser.

Finalmente, los preparativos del viaje terminaron. Ruth despertó muy adolorida el día de su partida. Su madre le ofreció pastillas para el dolor de cabeza, sin saber que para el corazón arrugado no sirve ningún medicamento de farmacia. Quizás, si le hubiera ofrecido un abrazo, si le hubiera expresado cuánto dolor sentía por su partida, entonces ambas podrían haber confesado mutuamente su amor y su infelicidad al separarse. Tal vez hubieran llorado juntas y Ruth habría entendido las miles de cicatrices que su madre tenía en su corazón y que no le permitieron nunca expresar sus sentimientos por temor a ser ridiculizada.

Los secretos que Nasrin guardaba con tanto celo quedarían al descubierto y podrían causar aún más dolor a su hija, que ignoraba por completo los sucesos que antecedieron su nacimiento e hicieron de su madre una mujer retraída, calculadora, desconfiada, y alejada de su familia. «Nadie sabe el pan que se amasa en casa», es un dicho que refleja el dolor de muchos humanos ante la incomprensión, ante la injusticia y ante la traición. Era así como Nasrin se sentía. «¿Por qué mis padres no me dejaron elegir mi propio destino?» pensaba con amargura, «¿por qué tuve que casarme con un hombre al que desconocía totalmente?».

Aunque él hizo lo mejor que pudo por cuidarla, ella no deseaba un cuidador, deseaba un esposo, un amante, un amigo que fuera cómplice de sus juegos, de sus risas, de sus locuras, de sus inquietudes, de sus temores y de sus dolores. Ella deseaba un hombre al que le pudiera confiar sus deseos sin ser juzgada, un ser que volara al infinito y trajera flores frescas, no un desconocido al que le avergonzaba llamar por su nombre, como quiera que era mucho mayor que ella.

Ruth y su madre tomaron un taxi hacia el aeropuerto junto a la mejor amiga de Nasrin. En un intento fallido por hacer sentir a Ruth cómoda, Mirian trató de convenserla sobre la oportunidad que sería vivir en una sociedad libre, sin ataduras y de lo mucho que aprendería. Sin embargo, el silencio pasmoso de Nasrin hizo que a Ruth se le hiciera un nudo en la garganta que no le permitió escuchar lo que la mujer trataba de expresar. Las tres horas de espera en el aeropuerto fueron las más tediosas de su vida; Nasrin no volvió a pronunciar palabra. Mirian trataba de mediar en ese silencio en que madre e hija se habían sumergido, que se terminó cuando la aerolínea llamó a los pasajeros a abordar el avión con destino a Canadá.

La niña se levantó del asiento y, con paso firme y decidido, se dirigió a su madre. Se despidió de ella con un beso en la mejilla y una pequeña lágrima que salió de sus enormes y bellos ojos. Su madre, sin musitar palabra, y mirándola profundamente expresó la enorme tristeza que había en su corazón por la partida de su su hija, «Adiós, Mamá, Dios te bendiga», «Adiós, hija» indicó su madre. Su mirada, reflejaba el dolor de perder a su única hija, pero, por su soberbia, fue incapaz de expresar con un abrazo el infinito amor que sentía por ella. Las palabras y las miradas fueron todo lo que pudieron manifestarse mutuamente antes de la partida.

Ruth ingresó al avión se quitó su hiyab, y desde ese momento sintió que su antigua vida había terminado. Atrás había quedado Teherán. Ruth lloró por unos minutos la ausencia de su madre, pero recuperó su cordura y pasó el resto del viaje disfrutando su tiquete en primera clase. Dado que era menor de edad, la aerolínea había delegado una cuidadora para la niña, completamente a su disposición. Eventualmente, el cansancio la venció y la pequeña quedó profundamente dormida hasta su llegada al destino final. Cuando Ruth despertó, el piloto estaba dando la bienvenida a una de las ciudades con la más alta calidad de vida en el mundo.

Lo escuchó en su idioma materno y en inglés, y un sentimiento de miedo la sobrecogió. Empezó a sentirse sola, a ser consciente de que de ahora en adelante estaba en un sitio que no le pertenecía. Pensaba que no podría volver a hablarle a sus amigos, los animales, en ese foráneo lugar; ellos no entenderían su idioma. Le atemorizaba no contar con ellos en una época tan extraña en su vida.

—Ruth, llegamos, mi niña —dijo la azafata encargada de cuidarla—. Te voy a arreglar el cabello, está un poco desordenado.

—¿Por qué no usas el hiyab? —preguntó Ruth, saliendo de su estado de somnolencia.

—Para entrar a este país no es necesario portarlo, pero si deseas hacerlo es tu decisión, Ruth —replicó dulcemente la azafata.

—¡No!, ¡no quiero usarlo nunca más! —exclamó la niña, dando un grito inusual de felicidad.

Ruth entonces dejó su larga, azabache y frondosa cabellera suelta. Las dos emprendieron un largo trayecto que las condujo a inmigración. La niña caminaba al son de los latidos de su corazón, pensando que la policía iba a detenerla porque no estaba cubriendo su cabello. Ante tamaña libertad, su subconsciente le advertía: «Tanta felicidad no puede ser cierta». Se sentía también cansada y agobiada por la soledad, pero al mismo tiempo quería conocer su nuevo país; todo lo que veía a su paso le llamaba la atención: las diferentes razas, la belleza del lugar, las personas corriendo de un lado a otro, los sonidos de los altoparlantes invitando a los pasajeros a abordar sus aviones, y el idioma inglés que, aunque no lo entendía, se deleitaba al escuchar. Se sentía como en el paraíso.

—¿De dónde vienen? —preguntó el oficial al momento en que se iniciaba su proceso de inmigración.

—De Irán —respondió la azafata.

—¿Y dónde están los padres de la niña? —advirtió el oficial de inmigración al ver a la pequeña sola y en compañía de la aeromoza.

Ruth sentía que su felicidad se desvanecía; un escalofrío invadió su cuerpo, pues ella no entendía el idioma, pero sí podía discernir que algo estaba mal.

—No lo sé —respondió la mujer. En su cara se podía observar la preocupación por la suerte que correría la niña de la que se había encaprichado durante el vuelo y la cual sentía una profunda consideración—. Recibí en Teherán la instrucción de traerla y de entregarla a su padre, que debía estar aquí una hora antes de nuestro aterrizaje.

—Bueno, tienen que esperar hasta que el padre llegue —resolvió el hombre, cuya mirada estaba concentrada en los documentos que revisaba con atención y detenimiento—. No podré hacer nada sin él, ya que la niña es menor de edad. —Hizo una pausa y luego se dirigió hacia la azafata—: a menos que usted tenga algún papel firmado por sus padres en el que le otorguen poder para hacer las diligencias.

—No, solamente soy una empleada de la aerolínea. Me delegaron para cuidarla hasta nuestra llegada.

—En ese caso, la niña debe ir a la estación de policía hasta que logren identificar a su padre —concluyó el oficial, mirando a Ruth de reojo. Se retiró por unos minutos, que parecieron como una eternidad. Cuando por fin volvió, asintió—: por favor, proceda usted con la pequeña. En la estación la está esperando la oficial Jesse Smith, quien se hará cargo de la seguridad de la niña.

—¿Qué pasó? —Preguntó Ruth, quien no había entendido una sola sílaba, pero sentía miedo por el oficial—. Nos van a detener por no tener el hiyab, ¿cierto? Te dije que íbamos a pagar por eso.

—No, mi linda. El problema es que tu padre no ha llegado a recogerte —contestó la azafata, intentando calmarla—. Hasta que no lo haga, estarás en la estación de policía. No pasa nada.

Ruth entonces volvió a sentir la nostalgia que siempre la había acompañado desde que tenía cinco años; ese sentimiento de soledad se mantenía como una roca invisible dentro de sus entrañas y no lograba desaparecerla aun estando acompañada por miles. «No lo puedo creer, *Baba*, ¿acaso esto es justo? Ahora no vas a llegar y ¿qué voy a hacer?, ¿en dónde viviré?». El miedo se apoderó de su humanidad; palideció y el sudor no paraba, aunque procuraba secar los ríos de agua que brotaba de su pálido rostro con una toalla que le ofreció la oficial. Cambió rápidamente de humor, pues el intérprete no lograba darse a entender al ofrecerle comida: «¿Necesitas algo?», preguntaba y ella mantenía la mirada fija en el suelo. Sus abundantes lágrimas se confundían con la humedad y la tristeza de su bello rostro.

Se quedó en el mismo lugar, en la misma posición, hasta que cayó profundamente dormida. Mientras tanto, el oficial intentaba encontrar a Omar, quien desconocía que su hija estaba en ese percance, pues Nasrin nunca le anunció la partida de la niña. Ese preciso día, había salido de la ciudad a adquirir la mercancía para suplir la tienda de muebles antiguos que había comprado unos años después de su llegada a Canadá. El teléfono sonaba, pero nadie lo contestaba. Tras nueve horas, Omar entró a su negocio y contestó el teléfono. No podía imaginar cómo una madre podría hacer algo tan aberrante, enviar a su única hija a un país extraño sin avisarle a nadie. Avanzaba rápidamente en su auto por las solitarias calles de la ciudad, pensando cada minuto en su hija. Lo acompañaba la ilusión de que algún día ella entendería este impase.

Cuando finalmente llegó al aeropuerto, lo esperaba un oficial de la policía que lo escoltó hasta el lugar donde estaba su hija. Vio a Ruth a través del vidrio de la ventana de la estación. Su primera impresión, después de tantos años, fue lo mucho que había cambiado físicamente: estaba mucho más gorda que la última vez. Obviamente, se notaban las marcas de las hormonas instalándose en su inocente cuerpo. También observó su palidez y sus lágrimas, que caían sin límite alguno, manifestando su profunda tristeza. Omar ingresó al salón de espera sin que Ruth se percatara.

En su agonía, ella pensaba también que su gordura iba a ser un motivo de discusión y de desilusión para su padre, quien insistentemente le manifestaba que la quería ver linda y muy estilizada para presentársela a los pocos amigos iraníes que tenía. Definitivamente su ansiedad incontrolada, sus depresiones por las constantes preguntas que no habían tenido respuesta, le pasaron la factura; hoy se veía mucho más robusta. Pese a ello, seguía siendo hermosa: bellas facciones, boca bien formada, hermosa y acaramelada piel y ojos grandes. No obstante, el conflicto interno que padecía a diario la hacía creerse la más fea de las feas. Decidió dejar sus pensamientos a un lado y levantar su mirada, en ese momento descubría a su padre. Entró en shock, lloraba inconsolablemente y lo golpeaba. Unos segundos después, se fundieron en un abrazo que duró menos de un minuto, pero que para los dos fue eterno.

—¿Qué pasó? ¿Por qué no me avisaron que vendrías?

—No, no sé nada, *Baba* —respondió la pequeña, manifestando lo angustiaba que estaba. Sus lágrimas corrían por su rostro inocente y su palidez revelaba que las horas de espera habían sido prolongadas y desesperadamente aburridas—. Mi madre me llevó al aeropuerto. Yo pensaba que había hablado contigo.

—Pero ¿no le preguntaste nada? —replicó su padre, aún sorprendido por este incidente que, para él, era un evento grave, dado el amor que sentía por su amada Ruth.

—¿Cómo llegarías? ¿Quién te recogería?

—No sé nada. No sé ni siquiera porque estoy aquí. —Lo miró inocentemente—. *Baba*, ¿quieres contarme cuál es el plan? ¿Qué voy a hacer aquí? ¿Quién me va a cuidar? No sé hablar ese idioma que hablan aquí…

—Hija, hija, espera —dijo Omar, quien empezó a reír ante las preguntas inocentes de Ruth. Aún se notaba la tristeza en su semblante, así que le dijo—: todo está controlado. Iré a entregar estos documentos y salimos a nuestra casa. No te preocupes —añadió—, ya tendremos tiempo para hablar de cada uno de los interrogantes que tienes. Por ahora, arréglate un poco y deja de llorar. Agarra tu maleta, ya vuelvo por ti.

Mientras Omar se acercaba a la oficina a firmar la custodia de su hija, ella lo observó ansiosa y feliz, porque se sentía a salvo. Cuando regresó, Omar tomó su mano y ambos marcharon. Esa era la línea de partida hacia una nueva etapa de su vida; atrás quedaba su madre con sus múltiples cuestionamientos acerca de su existencia, su zoológico, su escuela, su Corán, su cultura, su patria, su arraigo... Omar interrumpió los pensamientos de Ruth cuando llegaron al estacionamiento. Quería saber cómo había estado su viaje, quién la había acompañado, y cómo había pasado esas largas horas.

—Bien, me siento un poco cansada —respondió Ruth, quien aún estaba exhausta por toda la situación que había experimentado—. La azafata que me cuidó me dio comida y fue muy buena conmigo.

—Qué bueno es escuchar eso, *Muscarab* —respondió su padre, usando ese bello adjetivo persa para referirse a sus mujeres o a los niños. Tras un tiempo de viaje, su padre volvió a hablar—: hemos llegado. Quiero que te des un baño y luego comeremos juntos —sonrió—. Ya empezarás a adaptarte a esta maravillosa ciudad que será tu casa, en donde vivirás por el resto de tus días...

—¿No volveré a Teherán? —interrumpió Ruth, expresando su sorpresa. Con pánico en sus ojos, agregó—: ¿y mi familia?, ¿y mi madre? Yo creía que solo venía de visita y que en dos o tres meses estaría de vuelta, *Baba*.

—*Golam*, el futuro está aquí —replicó Omar, con un gesto que salió de su corazón, ya que la llamó como a aquellas flores de Teherán que crecían en el patio de su casa, y cuyo olor él añoraba, tanto como la había extrañado a ella—. Cuando conozcas tu nueva escuela y cuando puedas hablar inglés, todo será más fácil y bello para ti.

—Le dio una toalla y una bata—. Ve, el baño está a la derecha.

—Este apartamento está muy bello, *Baba*. —añadió Ruth, antes de retirarse—. ¿Aquí viviremos?

—Sí, *Golam*. Esta es tu nueva casa —contestó Omar.

Ruth fue corriendo a su habitación y se lanzó a la cama, sin ducharse. Se sentía feliz y extasiada. Su padre le había comprado la colección de muñecas que ella había anhelado tener tiempo atrás. Las revisó una a una y les asignó nombres. Farideh, Mirian y Nusrin eran sus nuevas amigas.

—Ruth, ¿me escuchaste? —Dijo su padre— ¡Te dije que te fueras a bañar!

Ella entonces asintió con su cabeza y fue a la ducha, en donde encontró en el agua apacible un momento para respirar, para reencontrarse con ella misma, y resolver que no estaba soñando. Por fin estaba con su padre, de quien su madre quería separarla según ella, por tanto, no había logrado su propósito. Ruth no creía que pudiera odiar a su progenitora, pero le molestaba su incomprensible forma de ser. Mientras Ruth se duchaba, Omar diligentemente cocinaba para su bella musa, la dueña de su futuro, de sus luchas y de su inspiración.

—Pasa por favor a la mesa —dijo, una vez escuchó que Ruth se aproximaba al comedor—. Tu silla es la de la parte lateral.

Al sentarse, Ruth observó con detenimiento la comida que tenía ante sus ojos: una porción de ensalada, un plato de frutas picadas y una pequeña porción de arroz. Todo acompañado de un vaso con agua. «Qué extraño es esto» pensó, «nunca he comido así».

—¿Dónde está mi té?, ¿y mis dátiles? Mi mamá me hacía arroz mezclado con huevo. Además, yo no como ensalada.

Quiero carne con aceite de oliva y cebolla... Sabes, *Baba*, no me gusta comer así, ¿me podrías hacer otra cosa? —insinuó la niña.

Usó un gesto para rechazar enfáticamente el tipo de dieta que su padre quería imponerle, no le agradaban los cambios que empezaba a sentir.

—Mi niña amada, desde ahora vas a tener unos hábitos de comida diferente—contestó su padre, sonriente—. Trata de comer y progresivamente te adaptarás a esta dieta que te hará bajar de peso y te dará energía para empezar la escuela sin problemas.

Ruth asintió de nuevo con la cabeza, tratando de aceptar algo que definitivamente no le gustaba; intentó obedecer a su padre y comer eso que era tan extraño para ella, pero no pudo. Ingirió menos de la mitad de la porción, enojando a su padre, quien la observaba atentamente.

—¿Piensas morirte de hambre? —Reclamó Omar, ante la actitud de su hija— Aquí la comida es diferente porque es un país diferente. Hoy naciste de nuevo.

Cuando Ruth escuchó tal afirmación, cayó presa del pánico y su mirada expresó la angustia de vivir en un país lejano sin su madre, sin sus costumbres.

—Tienes que entender que tu vida cambiará dramáticamente.

—¿Por qué? —replicó la niña, aún sin entender—. Somos iraníes, y no me gusta esa comida.

—Vete acostumbrando, Ruth. ¡Desde mañana irás al gimnasio y empezarás una rutina de alimentación y de ejercicios que te permitirá ser saludable! —Dijo, subiendo la voz—. Y no me discutas. Es una orden y ¡se cumple!

«Oh, mi Dios» pensó la pequeña, tratando de terminar esa comida que le sabía a cucaracha. Cuando su padre le preguntó: «¿entendiste?», no contestó. Solo se limitó a obedecer las órdenes del «tirano». Una vez terminaron la cena, Ruth regresó a su habitación y Omar arregló la cocina cuidadosamente. Omar era un ser obsesionado por la limpieza, y el orden. Esa forma de pensar lo conduciría a un callejón sin salida: se convertiría en un hombre agresivo, vertical, irreflexivo y poco amado por sus allegados. Ella, ocupada, lidiaba con sus nuevas amigas: pensaba en cómo las iba a vestir; qué zapatos les pondría; cómo sería su comportamiento y si ellas escucharían a futuro sus consejos.

—¿Quieres pasar a la mesa? —Dijo su padre de manera suave y considerada, interrumpiendo la conversación que tenía con sus nuevas amigas imaginarias—. Tenemos que hablar.

—Sí, sí claro, ya voy, *Baba* —respondió Ruth, sintiendo que su corazón latía más de lo normal por la angustia que le causaba la actitud, algo suspicaz, de su padre.

Omar entonces empezó su discurso, expresándole cuánto la amaba y deseaba que la vida de los dos fuera una sola. Le prometió que haría lo posible por tenerla muy bien y protegida. Posteriormente, empezó a hablarle de la dieta, tal vez porque era lo que más le preocupaba, a su edad, 12 años, presentaba un sobrepeso de aproximadamente cinco kilos. Su padre le sugirió muchas soluciones al problema, incluyendo visitar a una nutricionista. Hubo también otras propuestas, unas descabelladas y otras ortodoxas. La intención era buena: cuidar a su bella princesa.

Sin embargo, su actitud no le ayudaba en el propósito de conseguir el corazón y la obediencia de la niña, no era entendible a los ojos de su pequeña, porque, aunque Omar quería ser amable y considerado con ella, su lenguaje corporal manifestaba lo contrario. Ruth, siempre temerosa de las decisiones de su padre, empezó así un duelo secreto: odiaba la forma como su padre le hablaba e imponía sus ideas; odiaba estar sin su madre en un país extraño que, cada día que pasaba, se volvía más complejo; odiaba tener que ir a la escuela sin saber nada del nuevo idioma; y odiaba tener que presentarse ante sus compañeros de clase. Temía que se burlaran de ella por su origen, por sus ancestros o por su apariencia. No obstante, nunca le manifestó a su padre sus emociones, sus miedos o sus temores. «Al fin y al cabo no pierdo nada y tal vez me podrán ayudar a sentirme más delgada», pensaba Ruth, mientras intentaba considerar las opciones que le había presentado su padre.

—Bueno, *Baba*, consígueme una nutricionista y yo iré las veces que se necesite.

Su padre, feliz con la decisión de su hija, empezó la búsqueda del profesional que le ayudaría a reducir los kilitos que le sobraban. Después del tema de su dieta, Omar explicó los pormenores de la convivencia: cómo se ayudarían mutuamente para arreglar la casa, el colegio de Ruth y la relaciones con otros iraníes, amigos de su padre. El acuerdo fue sellado por las dos partes quienes se comprometieron a no romperlo.

Efectivamente, dos semanas después, ya Ruth estaba estudiando en una escuela cerca a su casa; una amiga de su padre la llevaba todos los días al colegio, mientras ella lo necesitara. Su nombre era Kumiko, una mujer a la que no se le notaba el paso de los años. Era vigorosa, activa y muy buena amiga de sus amigos. Era algo ruda en su manera de ser, pero tierna a la vez; se comprometió a ayudar a este hombre que estaba solo y con una niña a cuestas. El problema era su procedencia asiática, ya que no hablaba farsi, la lengua materna de la niña. Ruth todavía no hablaba inglés, así que iniciaron una relación en la que usaban gestos para comunicarse. Para Kumiko, el idioma no fue impedimento para cumplir su promesa: acompañar la niña a adaptarse a su nueva vida. Pasaba parte de su tiempo con Ruth, quien le mostraba imágenes de animales, bosques y paisajes.

Aún sin entenderse mutuamente, se reían todo el tiempo, caminaban largas jornadas, iban a la iglesia, al parque, se divertían corriendo por la playa. Disfrutaban juntas los tiempos en verano con su esplendorosa luminosidad, los múltiples colores de los bosques y montañas, la alegría de la gente, la paz …. Ruth se sentía protegida en compañía de su nueva amiga y Omar se sentía tranquilo al ver cómo su hija se había adaptado fácilmente a su nueva vida. Incluso solo bastaron unos pocos meses para que su niña empezara a hablar inglés, un idioma muy lejano a su cultura.

Esa aparente felicidad en la que vivieron por unos años no cambió la actitud de su padre, quien seguía exigiéndole en exceso. Posiblemente, su comportamiento se debía a los temores que tenía acerca de la crianza de su hija o al conflicto postraumático tras la guerra. Ruth albergaba una ansiedad en su corazón. El continuo stress de Ruth hizo que los esfuerzos de la nutricionista por hacerla bajar de peso fueran en vano. Por el contrario, Ruth subía cada vez más de peso, lo que motivó una división permanente entre ellos que, a la postre, los hizo tener discusiones y conflictos irreconciliables.

—¿Qué? ¿Crees que con esa gordura llegarás a alguna parte? Solamente podrás trabajar en una cafetería, como mesera, porque con esa apariencia, ¿quién va a respetarte? —solía repetir Omar, causando heridas que tardarían muchos años en cicatrizar.

—Yo no decidí venir aquí —respondía la adolescente, que tenía ahora muchas cosas que recriminarle a su padre—. Si estás muy cansado con mi gordura y forma de ser, mándame para Irán y se acabó el problema —continuaba agresivamente.

—No harás lo que se te dé la gana —contestaba el enfurecido padre.

Así, progresivamente se fueron deteriorando sus relaciones y, aunque Omar procuraba satisfacer en todo a su hija, Ruth nunca olvidaría el lenguaje ofensivo que él usaba al referirse a ella, por eso quería irse de su casa y tener una vida tranquila en compañía de gente que la amara.

En la casa de Sharon y Simeone, las cosas no eran como al principio cuando, en pleno invierno y ahogados en el hielo, Simeone se deleitaba haciendo hombres de nieve. Para ese entonces pasaba su día ocupada, feliz de experimentar a sus siete años, el contacto con la nieve por primera vez, pues cuando vivían en España, ella era muy pequeña, y esa sensación no la recordaba. La situación, eventualmente, se tornó muy difícil, porque de la noche a la mañana se encontraron en un vecindario de hindúes: personas que no hablaban su idioma, ni compartían su cultura.

Los hombres tenían barba larga y cubrían su cabeza con un turbante, y los niños usaban un adorno blanco muy particular en sus cabezas. Ante sus ojos de extranjeros, sus atuendos parecían muy divertidos. La situación de adaptación se agravaba porque ninguno de los miembros de la familia tenía un nivel avanzado de inglés. En Colombia pensaron que iba a ser más fácil, la Felina había trabajado en una empresa internacional y en ocasiones, traducía documentos. También sus niñas habían estudiado en un colegio bilingüe, pero cuando llegaron y se enfrentaron a la dura realidad, tuvieron problemas incluso para comprar sus alimentos.

—Quiero irme de aquí, ¿Dónde está mi habitación?, ¿mi apartamento?, ¿dónde está mi abuelita? —clamaba la pobre Simeone, llorando. No estaba contenta viviendo en un lugar extraño, y desconocía los motivos por los cuales se había trasladado a ese frío país.

—Tu abuela un día llegará a visitarnos, tu apartamento será mejor aquí y tu habitación será como la de tus sueños —replicaba su madre, en un intento por consolarla—. Solamente dame tiempo y verás los resultados, mi bella princesa.

Vivían en un pequeño apartamento, con dos habitaciones, una sala y un baño; era como una fina suite, pero insuficiente para los cuatro. Era como empezar de cero, atravesando muchas pruebas hasta adaptarse a su nueva vida. En Colombia, sus padres como músicos tenían una vida social muy interesante y las niñas eran las más populares en su colegio. Así las cosas, «tuvieron que bajarse de la nube». Aprendieron a respetar las diferencias, a entender que no estaban solas en el planeta y que el firmamento no les pertenecía solo a ellas, que había más gente y lugares extraños de lo que ellas imaginaban.

En Canadá, la Felina luchaba por mudarse al centro de la ciudad y salir de ese vecindario de hindúes que siempre fue ajeno a ellos, a sus costumbres, lengua, y religión. Gracias a un amigo de su misma nacionalidad, que les ayudó a trasladarse a un sitio más agradable y afín con sus intereses, lograron finalmente adaptarse a ese bello país que les proporcionaba sustento y paz. Empezaron a disfrutar su vida en familia, sin ningún intruso que los persiguiera o los amenazara por el solo hecho de pensar diferente. Era un vecindario de inmigrantes llegados de todas partes del mundo: Irak, Irán, Bangladesh, Sudáfrica, entre otros países.

Una noche, cuando las niñas estudiaban en sus habitaciones y la Felina se preparaba para otro día de trabajo, tocaron a la puerta; todos brincaron de sus camas al mismo tiempo y corrieron a abrirla. Se trataba de una vecina que los invitaba a cenar para darles la bienvenida al vecindario. Con su precario inglés, la Felina le contestó que le daría la respuesta más tarde, ya que su esposo no estaba en casa. La mujer, de origen iraquí, tenía el hiyab puesto, por lo que la Felina asumió que era terrorista; era el estigma que habían recogido a través de los años de los medios de comunicación.

—Una musulmana vino al apartamento hoy —le dijo preocupada a su marido—. Nos invitó a cenar.

—Pues, qué bueno —respondió él, sin notar la angustia de su esposa—. Conoceremos gente y podremos vivir en comunidad.

—Es musulmana —aclaró la Felina, extrañada ante el entusiasmo de Emmanuel—. ¿Vas a interactuar con esa gente?

—¿Por qué no?, ¿son leprosos?, ¿tienen alguna enfermedad contagiosa?

—No, pero no me gustaría que las niñas interactuaran con ese tipo de personas porque la mayoría son terroristas —afirmó la Felina.

— ¡Oh! *Honey*, eso es lo que los medios nos han vendido —respondió Emmanuel, sorprendido—. ¿Por qué no pruebas por ti misma? No le creas a los medios, son mentirosos —continuó, seriamente—. Cuando venga nuestra vecina, le dices que con mucho gusto atenderemos su invitación.

La Felina accedió a regañadientes, aunque tuvo que reconocer que la cena fue una de las más deliciosas que pudieron tener. Fue tan grato el momento que, sin poder entenderse, por las barreras del idioma disfrutaron el tiempo juntos y los jefes de hogar prometieron unir las familias para departir, socializar y ayudarse mutuamente. El tiempo pasaba y las niñas se adaptaban aún más al sistema y al país. Cuando pudieron hablar inglés, tuvieron mucha más confianza; ya no lloraban, porque habían hecho amigos y disfrutaban del colegio. Su madre las recogía todos los días sin excepción. La Felina era una mujer muy organizada en su casa y disciplinada con los hábitos alimenticios, pues eran vegetarianos hacía siete años. Todo brillaba por el orden y el buen gusto.

Años más tarde, cuando Sharon llegó a la secundaria, encontró un colegio cerca de donde sus padres compraron su nueva casa. Era un lugar fantasioso, lleno de bosque en la ciudad. Su madre, que amaba correr diariamente, encontraba en ese paraíso el lugar perfecto para saciar sus instintos de atleta en compañía de su perro, Coco, quien la vigilaba, la custodiaba y la amaba.

## Capítulo 10. Mi hija Ruth

Sharon, que se acercaba a sus 13 años y cursaba octavo grado de secundaria, llegó a casa una tarde con una aciaga historia: tenía una compañera de clase que lloraba todo el tiempo. Pese a que era una niña muy linda, su semblante reflejaba una constante tristeza, cosa que llamó la atención de Sharon. Una tarde durante la tertulia familiar le contó a su madre la desgracia de su compañera de colegio. Unas semanas atrás, cuando iban camino a casa, Sharon y Simeone se habían encontrado a la niña en una estación del metro. Hablaron, rieron, y Simeone le pidió el número telefónico de su casa y la niña de bellos ojos y de gran sensibilidad lo escribió en un cuaderno. Pasaron los días y, aunque Simeone siempre recordaba a la niña y le insistía a su hermana en que la llamara, la distraída Sharon no consideraba necesario, en ese momento, cualquier tipo de acercamiento, ya que veía todos los días a Ruth en el colegio, así que no le hacía caso a su hermana menor.

Sharon volvió a traer el asunto a colación en una cena, cuando los cuatro miembros de la familia acostumbraban a comer juntos y dar gracias a Dios por la provisión recibida antes de cada comida. Entonces aprovechó la oportunidad para recordarle a su madre que esa niña estaba muy triste y que lloraba mucho; a ella le preocupaba que estuviera deprimida todo el tiempo. Fue tanta la insistencia de Sharon que su madre le dijo que la invitara a compartir una cena con la familia y le prometió ayudarle. El día llegó y Ruth se aproximó a la Felina con mucha determinación y familiaridad:

—Hola, Mami —saludó Ruth a la Felina—. Sharon y yo llegamos del colegio hace unos minutos. ¿Cómo estás?

—Bien, Ruth —contestó amorosamente la Felina—. Encantada de conocerte.

Ruth entonces fue a la sala y saludó a Emmanuel que estaba leyendo.

—Hola, Papi, ¿cómo estás?

—Hola, Ruth, me encanta conocerte. ¿Cómo has estado? —respondió Emmanuel.

—Bien, Papi, estudiando y muy juiciosa. Estoy encantada de estar aquí con ustedes.

Aunque Ruth nunca había visto a los padres de Sharon, desde el primer momento se refirió a ellos como lo hacía su hija biológica. Le bastaron unos meses en su soledad para preparar su encuentro con los padres de su amiga: escuchaba atentamente las historias que Sharon le contaban sobre su vida familiar al lado de los padres que amaba, eso le llamó mucho la atención. Particularmente, le impresionaba la forma como ella se refería a ellos. Además, con la complicidad de Sharon, Ruth previamente alistó todo un discurso para presentarse ante los padres de su amiga; quería sorprenderlos y quería penetrar en lo más profundo de sus corazones, tratando de ser lo más familiar posible.

Era normal verla frecuentemente en la casa compartiendo el tiempo con las niñas, se reían a carcajadas, dormían en la misma habitación y peleaban como hermanas. Era una niña con una belleza natural envidiable: largas piernas, bella cabellera y su hermosa cara. Su madre se había quedado en Teherán y su padre trabajaba todo el día y no tenía tiempo de cuidarla. Ruth compartía con ellos incluso los fines de semana. La familia iba a la iglesia, pero no la obligaban a ir con ellos. En una ocasión, Ruth sorprendió a la Felina con su decisión.

—Mi niña, iremos a la iglesia —dijo la Felina tratando de despedirse— Te quedas aquí y leyendo, o escuchando música clásica o…

—Yo quiero ir —interrumpió Ruth, suavemente.

—No, tú eres musulmana y no queremos influir en tus creencias —respondió decidida la Felina.

—Quiero ir —repitió Ruth—. A donde ustedes vayan yo iré —agregó, mientras con sus grandes ojos miraba directamente a la Felina.

La Felina asumió entonces que se trataba de un mensaje de Dios. Recordó la historia de Ruth en las Sagradas Escrituras en las que, pese a la tribulación, la hermosa mujer prefirió quedarse con su suegra cuando su marido falleció, respetando la guía del Eterno. Efectivamente, salieron de la casa juntas hacia el auto, en el que los demás miembros de la familia las esperaban.

Papi, ¿Quisieras adoptarme? —preguntó Ruth a Emmanuel, sorprendiendo con su acotación al resto de la familia.

—Yo quisiera ser tu hija.

—Claro que sí, nenita, con mucho gusto —respondió amablemente Emmanuel.

La Felina se sorprendió al escuchar ese particular requerimiento y con la respuesta de su esposo, pero continuaron su rutina de fin de semana. De regreso a casa en el centro de la ciudad, Ruth se fue al apartamento de su padre. Después de unas horas, escucharon el sonido de la puerta, efectivamente, Ruth había regresado, esta vez con su equipaje.

—No mi niña, no podemos hacer eso —dijo la Felina, reaccionando rápidamente—. Tú eres menor de edad y tienes tu papá.

—No quiero ir más a esa casa —respondió Ruth, quien comenzaba a sumirse en llanto.

—Dime, ¿cuál es tu dirección? Iré a hablar con tu padre —replicó la Felina, confundida—. Quédate aquí por ahora —añadió.

La Felina entendió que debía conversar a solas con el padre de Ruth. Y se dirigió junto con su esposo a un sector exclusivo de la ciudad, en busca del apartamento de Omar. Cuando llegó, tocó el timbre y esperó. Tan pronto abrió la puerta, la Felina comenzó a explicarle:

—Señor, aún no me conoce, pero su hija Ruth estudia con mi hija Sharon. Ruth ha visitado mi casa un par de veces… En este momento, ella quiere quedarse a vivir allí.

—¿Usted es mexicana? —preguntó Omar, en su cara reflejaba la preocupación y la rabia que la situación con su hija le producía—. Porque no me gusta esa gente.

—No, para su fortuna no soy de ese país —respondió la Felina, extrañada—. No sé qué le habrán hecho los hermanos mexicanos, pero descuide, soy colombiana.

La Felina esperó una reacción o algo que le indicara que podía continuar, pero el hombre solo la observó con la misma expresión.

—Tal vez eso es peor para usted, pero no estoy aquí para agradarle, señor.

—Pase, ¡por favor! —respondió Omar, cambiando su actitud y agregó: —. Disculpe mi reacción, pero usted entenderá, esta situación es muy incómoda para mí.

Cuando la Felina entró, quedó estupefacta ante la exquisitez del lugar; su cuidadosa decoración y sus finos cuadros, los paisajes en las paredes, el olor a té recién preparado y la cantidad de frutos secos en la mesa de centro la trasladaron por un segundo a la lejana y bella Persia. La suave música clásica y sus muebles de estilo victoriano la impresionaron. «Cada pieza cuesta el salario anual de una persona de clase media», pensó la Felina. Omar empezó a contarle cuánto dinero tenía. Exhortó a la Felina a observar su lujoso apartamento.

—No voy a aceptar que Ruth se vaya a un sitio desconocido —concluyó—. Soy su padre y aquí tiene todo lo necesario para vivir.

—Bueno, creo que estoy de acuerdo con usted— replicó la Felina, e inmediatamente abandonó el lugar y se dirigió un tanto preocupada hacia su casa.

Sus hijas la esperaban junto a la niña que lloraba sin parar, reclinada en una mesa. Su semblante era pálido; no había en ella ni un ápice de esperanza, sus ojos reflejaban lo amarga que había sido su vida. Al escuchar que su padre no aceptó, sorpresivamente salió otra vez de la casa.

—Tranquila, Mami —dijo, tomando sus maletas—. Ya vengo, voy a hablar con él.

Pasaron unas horas y la Felina comenzaba a creer que Ruth ya no volvería, al menos por esa noche, o quizás su padre la había convencido de permanecer junto a él; después de todo, ella quería volver para quedarse. Justo cuando comenzaba a caer el sol, la Felina vio la figura de Ruth de nuevo. Sonreía y arrastraba sus maletas, lo que, para ella, era un buen signo.

—Ya todo está claro: me vengo a vivir aquí —afirmó.

La Felina volvió a buscar a Omar en compañía de su solidario y cómplice esposo. Llamó a la puerta una vez más, sin estar segura de la reacción que tendría Omar. En esta oportunidad, Omar se encontraba más calmado. Saludó a los padres de Sharon amablemente.

—Señor, su hija está ahora en mi casa, ha llevado incluso sus maletas. ¿Qué vamos a hacer? No es mi intención que ella viva allí, pero ante su insistencia, tuve que venir a hablar con usted. El padre de Ruth un tanto compungido la miró seriamente, pero al parecer, el hombre esperaba que ella continuara— Pero ¿sabe qué?, ella está llamando la atención. Le aconsejo que la deje y le prometo que, en un mes, máximo dos, ella estará de vuelta en su casa. ¿Qué le parece?

—Yo le pagaré la estadía en su casa. ¿Cuánto cobra por eso?

—Mire, señor, primero veamos cómo la acomodo y después le comento esas cosas. Omar aceptó a regañadientes el traslado de su hija porque esta le prometió que si no la dejaba vivir con la familia de Sharon ella se iría a deambular por las calles.

Volvieron a casa y Ruth ya estaba posicionada, sin ningún remordimiento por dejar a su padre en un profundo estado de tristeza. Él nunca lo expresó verbalmente, porque el orgullo que tenía era más grande que su vida misma. Lamentablemente para Omar, la presunción de la Felina falló y Ruth nunca volvió a vivir con él. Era muy traumático para ella siquiera visitarlo, la Felina tenía que recordarle que era su deber velar por su padre y honrarlo. Omar era un excelente proveedor, mandó inmediatamente a la casa de la Felina una cama costosa para Ruth, como las que vendía en su almacén. Ruth se radicó en la habitación de Sharon y se quedó en su sitio y en su corazón por siempre.

La Felina habló con Ruth y le explicó las condiciones para vivir en su casa. Una de ellas, tal vez la más difícil, era que debía hablar español. «En esta casa hablamos español, quien quiera compartir nuestras vidas, debe hacer lo mismo», le dijo. La niña palideció, pero asintió con su cabeza. La segunda era el orden, no podría haber camas desordenadas después de las ocho de la mañana, entre semana, ni después de las 10 de la mañana, en los fines de semana.

—Ve a tu habitación y organiza tus cosas —ordenó la Felina, en su idioma natal.

La atemorizada Ruth no entendió ni una sola sílaba, pero Emmanuel, con una paciencia similar a la de Job y con una ternura que solamente él podía ofrecer, le ayudó a traducir y a entender las instrucciones dadas por la Felina. Le enseñaba, la guiaba y la ayudaba, mientras que Ruth trataba de compensar el sacrificio de su nuevo padre, haciéndole comida y té iraní. Ruth también pidió en el colegio ser incluida en clases de español, ya que su «mami» nunca más volvió a hablarle en inglés. Fue un reto que tres años después agradecería, cuando logró hablar perfecto el idioma.

Un día de celebración, sorprendió a todos los miembros de la familia en el restaurante. La comida estaba tomando más tiempo del necesario, entonces Ruth, en un ataque de humor y valentía, dijo: «Hoy tengo más hambre que un burro», lo que produjo las risas de todos en la mesa. Su madre, orgullosa, celebraba los resultados de su trabajo con su nueva hija. La vida era dura: las relaciones entre la Felina y Ruth no eran las mejores. El fuerte temperamento de la primera no le permitía tolerar tanto llanto y debilidad junta. Como siempre la encontraba llorando, su paciencia se agotaba.

—¿Qué pasó ahora, Ruth? —preguntó exasperada, en una de esas ocasiones.

—Mi papá me llamó y me trató mal —explicó la niña—, y para rematar, mi madre también me llamó desde Teherán, para que interceda por ella porque no tiene dinero....

Nasrin esfumó su fortuna con mucha rapidez, con esa vida libidinosa que llevaba no le iba a durar por siempre. Una vez hubo abandonado a su hija en el aeropuerto, se dedicó desesperadamente a recuperar cada minuto y cada momento que le había sido negado. Cuando hubo disfrutado sin descanso de su soledad, trasladó su derrota y su padecimiento emocional a su única hija. Entonces, la usaba como gancho para conseguir más dinero de Omar para poder sobrevivir a la soledad y a la tragedia de la pobreza que nunca había conocido, que se negaba a aceptar.

Ruth, tenía que llevar a cuestas varias cuentas de cobro: el perfeccionamiento enfermizo de su padre, que era un trauma diario ante cualquier error que cometiera; el desarraigo que, aunque no lo confesaba, le dolía porque empezó a odiar la Teherán que una vez había amado tanto, ya que asociaba todos sus malas experiencias y desilusiones a ese paradisiaco lugar; y, la no menos dolorosa, la situación con su madre. Cada llamada que recibía era como una pesadilla sin fin, temblaba al contestar el teléfono. La Felina no sabía qué decirle, cómo reaccionar ante tanto problema que Nasrin transmitía. Eran horas de llanto, de padecimientos y de gritos, hasta que la Felina paró la situación y le prohibió recibir esas llamadas.

—Todo lo que hago por erradicar de tu vida esa debilidad y esos conflictos internos que te persiguen y tu madre lo arruina todo en un minuto. La señora tiene una facultad muy especial para destruir lo construido... Por lo tanto, creo que no debes contestar más las llamadas de tu madre.

Pídele a tu madre que te respete y eleva una oración al cielo por su vida y por su bienestar. Bendícela en oraciones para que se haga la sagrada voluntad de Dios.

Así las cosas, Ruth desistió de las llamadas semanales; ya hablaba con su madre más distanciadamente. No obstante, la batalla seguía y Nasrin no perdía la oportunidad de reclamarle. «Eres una mala hija porque no hablas con tu padre para que me envíe dinero», solía decirle. Omar la amaba tanto que, contra todo pronóstico, decidió auspiciar su viaje y documentos en un nuevo intento por traerla a vivir a Canadá. Planeaba que ellas vivieran solas, él podría sufragar los gastos mensuales hasta que Nasrin hablara inglés y estuviera lista para enfrentarse a la realidad. Sin embargo, esta incluía un sinnúmero de trabajos como limpieza, cuidado de niños, distribución de periódico, etc. ¿Estaba su ex esposa dispuesta a dejar sus hábitos de niña consentida y empezar de cero su vida haciendo labores que nunca había hecho ni en su propia casa?

Lamentablemente, las cosas nunca se le dieron a Omar; porque salió de Teherán a buscar mejor suerte y, aunque ex esposo y su hija le insistieron en vivir en Canadá, en familia, ella decidió irse a Dubái. No se supo mucho de ella por un período largo de tiempo. No contestaba las llamadas y cualquier otro tipo de esfuerzo por establecer contacto con ella resultaba infructuoso. Omar y Ruth se lo preguntaban constantemente, pero no podían resolver el enigma: ¿Qué había pasado con esta mujer?

En ese lapso en la casa de sus nuevos padres, Ruth se sentía tranquila, apoyada, y amada. Aunque era musulmana, por la experiencia vivida cada día, en cada ejemplo y en cada experiencia, decidió ir a la Iglesia de sus padres y tener una relación íntima con Jesús (Yeshua, el Mesías).

—*Mom*, tengo que hablar contigo en privado —le dijo a su madre cierto día en la mañana.

—Claro que sí hija, espera a que termine la comida. Te aviso en un rato —respondió la Felina.

Sabía que también tendría que asegurarse de que Simeone y Sharon no las interrumpieran, así que buscó un cómodo rincón de la casa, en el segundo piso.

—Mami, estoy muy feliz pero también sorprendida. Anoche tuve un sueño —dijo Ruth, con emoción en los ojos—. Estaba sentada en el parque donde jugaba con los animales en Teherán, pero ya no era una niña. Vi el lago donde me gustaba cantar, vi a Jesús. Lo vi, Mami, es un ser maravilloso —en sus ojos se reflejaba la felicidad—. Se me acercó y tocó mi rostro muy suavemente. Me habló, me dijo que me amaba, que lo buscara, que me había dado una familia nueva y que, a través de ustedes, tenía que seguirlo a Él si quería salvarme —empezó a llorar y la Felina intentó limpiar sus lágrimas, animándola a continuar—. Me cubrió con su bello manto y fue el momento más feliz que he tenido en la vida.

Sus ojos reflejaban la emoción del mensajero que al final tiene el gozo de que Yeshua le susurre a su oído. La Felina le confirmó que había pasado con honores el examen. Terminó su testimonio y su madre, que sabía que el Todo Poderoso hablaba, sin importar su condición, le tocó la cabeza, la abrazó y le dijo:

—No llores más, mi niña. Si Él está contigo, ¿quién contra ti? Sigue tu corazón, no las instrucciones del hombre. Si estás preparada para buscarlo a Él y servirle, empieza para ti un viaje lleno de satisfacciones: servir a la gente, hablarles sin mayores pretensiones de aquel que vino y que ha de venir…Es Él en cuya esperanza los pueblos prosperan.

—Sí, Mami, quiero que me enseñes más de su vida y su sacrificio—respondió Ruth—. Quiero que me ayudes a encontrarlo, estoy muy sorprendida de que me haya hablado, me siento muy privilegiada.

Semanas más tarde, Ruth ingresó a la iglesia. Fue presentada en un día especial con una ceremonia, como era costumbre con los nuevos miembros. Era un tiempo muy emotivo para la congregación, no quedaba una silla vacía y cada persona nueva hablaba en público relatando su testimonio. Cuando fue el turno de Ruth, el salón quedó absolutamente en silencio escuchando el impresionante testimonio de su vida.

—He llegado a este país con un propósito. Dejé mi amada Teherán, pero también dejé todas las cosas que me esclavizaban: el dolor inmenso que me produjo una familia atípica y la incomprensión de mis padres y mi familia que hasta hoy no entendía. Tuve que viajar kilómetros desde mi tierra natal para encontrarlo a Él, quien tenía un plan perfecto para mí. Me dio una familia que satisface todas mis necesidades físicas y afectivas. Tengo dos hermanas que son mi vida, una madre que ha sacrificado su tiempo, tal vez su tranquilidad y muchas cosas más, para brindarme su amor y su paciencia, y un padre que lo único que tiene para mi es amor y comprensión. Gracias, mi Señor. Gracias por tu misericordia, que es perpetua, protégeme con un tu amor sobrenatural, que no entiendo, pero que recibo con felicidad.

Cuando terminó, el público estaba de pie dándole la honra y la gloria a Él, al que todo lo puede por salvar de las garras del maligno a una persona como Ruth. Por años, ella no había experimentado sino tristeza, opresión, depresión e incomprensión, pero desde ese momento, en los brazos del Eterno respiraba tranquila y estaba dispuesta a dar la pelea por hacer respetar su fe, sus valores y sus principios. Los meses pasaron desde la mudanza de Ruth. En ocasiones, Omar visitaba a su hija en la casa, pero cuando lo hacía, la niña venía corriendo a la cocina a pedir la protección de su madre, argumentando que siempre que lo veía, él la trataba muy mal en su propio idioma.

—No lo dejes hablar farsi, Mami, por favor —rogaba Ruth, la angustia inundaba su corazón y con la mirada suplicaba ayuda para defenderse de la agresión de su propio padre.

—Y, ¿por qué? ¿Qué te dice acaso?

—Cosas muy feas... No quiero hablar de ellas, pero por favor no permitas que lo haga.

—Okey, hija —respondía su madre—. Omar, sería mejor si ustedes hablan en inglés, para que todos nos entendamos y compartamos la conversación —pidió amablemente en una ocasión la Felina, sin saber que había enfurecido a Omar, quien vio esa acotación como una intromisión a la relación entre él y su hija.

—Mi hija y yo hablamos el mismo idioma —manifestó con rabia—. Podemos comunicarnos sin ningún problema.

—Claro Omar, eso es cierto —continuó la Felina. Pero si quieres hablar solo con ella, pueden salir a tomarse un té y disfrutar la tarde juntos, eso les haría bien a los dos —sugirió, con tono amable—. Pero, cuando hablen aquí, preferiríamos entender y poder compartir.

Omar se retiró enfadado por la supuesta injerencia de la Felina y así duró varios meses en ese estado. Mientras tanto, el tiempo pasaba y Ruth desconocía el paradero de Nasrin, su madre biológica. Una oscura y fría tarde de otoño, ideal para dormir, o para estar en casa en buena compañía como la de su amado Enmanuel, disfrutando un té persa, Omar llegó a casa con una noticia lúgubre. Hacia las tres de la tarde, sonó el teléfono, era el padre de Ruth, quien lloraba desesperado. Entre sollozos, pidió a la Felina que saliera a la calle porque él estaba ahí y necesitaba hablar con ella urgentemente. Al salir, la Felina lo vio dentro de su auto, él estaba destrozado. Omar tenía un semblante pálido, su mirada fija en un solo lugar. Definitivamente algo horrible le había sucedido.

—¿Qué pasó? —preguntó la Felina, sin resquemores ni rabia.

Ella en su afán de ayudarlo, al observar su angustia entró al auto sin pensarlo. Omar no murmuró palabra por unos largos minutos, y la Felina esperó pacientemente a que lo hiciera, dado el estado deplorable en que su casi hermano se encontraba.

—Nasrin murió —dijo, tras minutos de silencio.

—¿Qué? ¿Estás seguro de lo que dices? —Preguntó la Felina, aterrada—. ¡Ay no, mi niña! ¿Qué va a pasar con Ruth? ¿Cómo le vamos a decir? —La Felina recordó los recientes momentos de felicidad de su niña, quien había finalizado su semestre con méritos—. No, por favor, no le digamos hoy.

La noche anterior, Ruth comentó que el hecho de hablar y entender español le había permitido tener un promedio muy alto al finalizar su semestre. Reía mientras recordaba su miedo y los difíciles momentos que pasó aprendiendo esa nueva lengua. «Pero ahora, Mami, tu exigencia, persistencia y amor han dado resultado», le había dicho Ruth, ya que la Felina era quien había impuesto la regla de hablar únicamente español en su casa. Para la Felina era incómodo que, después de ese tiempo tan bello, tuviera que contarle, tan solo un día después, algo tan siniestro, una noticia tan dramática como era la pérdida de su madre biológica. No obstante, Omar insistió en que fuera inmediatamente, así que la Felina lo invitó a que los visitara en horas de la noche. Ella quería preparar el terreno para que la situación no fuera tan dolorosa para los miembros de su familia.

Ese día, Ruth llegó más temprano de lo normal, como era un viernes, quería festejar en familia el *shabbat*, día en que los hijos del Eterno celebran su descanso, mandamiento perpetuo que produce bienestar y bendiciones. Es el día en que los seres queridos se reúnen alrededor de la mesa y, al tenor de una conversación con el Creador, expresan su agradecimiento por la semana que pasó, por la provisión, por la seguridad que les ofreció las 24 horas del día, por los mensajeros, guerreros y guardianes que, a la postre, estarán en sus vidas la próxima semana dando la batalla que les ha sido encomendada desde la divina providencia, para salvaguardar la vida de sus elegidos.

Es un día especial que se celebra desde tiempos remotos; el amor incomprensible para los humanos. Yeshúa, en un acto que no ha realizado hombre alguno, murió por las iniquidades de los humanos, y se recuerda en comunión su sacrificio, su sangre derramada, su cuerpo que, ultrajado por el odio del hombre, cayó y venció a la muerte. La Felina seguía esta tradición desde que lo conoció, cuando su hermano menor le habló de cómo Él sacrificó su vida por toda la humanidad. Era algo que nadie podía creer, mucho menos de una mujer como ella, que enfurecida había perseguido cristianos en la universidad. No obstante, la historia le llamó poderosamente la atención cuando Él dijo: «Yo soy el camino, la verdad y la vida. Nadie viene al Padre sino por mí» (Juan, 14:6). Aquella aseveración hizo que la Felina reaccionara y pensara: «Bueno, si eso es verdad, Él es el propio Mesías que los hebreos estamos esperando».

Con la misma pasión con la que leyó el Materialismo Histórico, así empezó la Felina a leer las Sagradas Escrituras. Escudriñó capítulo por capítulo. Profundizó tanto, que entendió que sin la presencia de El Gran Yo Soy, ella era una perdedora. Igualmente admitió que debía agradecer por el resto de su vida al Eterno, por haberla salvado en tantas ocasiones cuando el peligro la acechaba. Finalmente reconoció que Él le permitió vivir para contarle a la humanidad la importancia de seguirlo, de respetar sus leyes, su *Torah* y permanecer en comunión diaria con el que todo lo puede, el Dueño del universo, el Señor de señores y el Rey de reyes. No basta con ir a una iglesia que como organización humana carece de santidad, no se necesita inscribirse en teorías de hombres para seguirlo. Solamente reconociendo que el hijo del hombre es el Mesías y que vendrá nuevamente a salvarnos de toda la tribulación por la que atraviesa el mundo, procurando tener una vida sin tacha delante del Eterno, es que podemos agradarlo y hacernos acreedores a su presencia y a sus promesas.

La Felina creía que ella era una mujer privilegiada por el hecho de haber pasado por tantas experiencias que le permitieron ser una persona madura, organizada y valiente. Era afortunada porque al final pudo reconocer que tenía un propósito en su vida, y se lo contaría a la humanidad, para darle la honra y el honor a Él. Era un tiempo muy doloroso para Ruth, sufrió un ensimismamiento profundo que el tiempo de encarga de sanar. Cuando su madre la vio y le dijo: «Tenemos que hablar», ella palideció como si sospechara lo que iba a escuchar a continuación. La Felina, intentando protegerla, echó a volar su imaginación y le contó historias. Cuando terminaba cada una de ellas le expresaba cuánto la amaba y cómo ella interpretaba su llegada a su hogar como un regalo de Dios.

—Dios me mandó una princesa a deleitar con su presencia nuestras vidas —continuaba la Felina, en su intento por entretener a Ruth quien, suspicaz, no se dejó embaucar.

—Mami, ¿qué pasó? —Dijo Ruth—. No me trates como una niña.

—¿Qué pasaría si tu mamá dejara de existir? —respondió la Felina, tras suspirar.

—Eh, nada. No he estado con ella por mucho tiempo —replicó, aparentemente tranquila—. ¿Se murió?

—Sí, hija, tu mamá murió.

—¿Cómo fue?

La Felina le contó los detalles y le dijo que su padre vendría a eso de las siete de la noche. Ella no musitó palabra, se abstrajo como si su cerebro se hubiera extraviado en un mar de recuerdos. Tenía preguntas sin responder, odios, cosas que hubiera querido hacer por su madre. Como zombi, se refugió en su habitación y no permitió que nadie estuviera a su lado, pese a la insistencia de sus hermanas de acompañarla y protegerla. Ella rechazó casi violentamente el ofrecimiento. Omar llegó a la hora acordada y se desvaneció en el sofá, donde lloró inconsolablemente.

—Todo está bien, no llores más —le susurró Ruth—. No podemos hacer nada más que honrar su nombre.

Pasaron unos cuantos minutos de silencio absoluto, ningún miembro de la familia musitaba palabra. Mientras, la Felina brindaba té y trataba en su interior de pasar ese trago amargo que parecía perpetuo. Cuando Omar dejó el lugar, la niña calmada y controlada ante el inmenso dolor desapareció y su duelo comenzó. Ruth prometió incluso morirse; se sentía frágil, abandonada. Sabía que no había cerrado un ciclo con su madre, era consciente que había esperado por mucho tiempo tantas respuestas a tantas preguntas, y que no había logrado ni el perdón mutuo entre ellas. Para Ruth, su madre había sido su cuidadora nada más, y eso le retorcía el corazón.

—Mami —le preguntó a la Felina—, ¿mis futuros hijos te podrían llamar a ti «abuela»?

—Claro que sí, pero tienen que dejarme todo limpio. No ensuciar los tapetes ni nada, porque o si no, las palmaditas de la abuela serán absolutamente necesarias —respondió seriamente la Felina, haciendo reír a la niña, en medio del llanto y el dolor.

La Felina salió en un viaje de negocios el día siguiente y sus otras hijas se encargaron de cuidar de Ruth. Sin embargo, en su duelo, Ruth volcó toda su agresividad hacia ellas, rechazándolas. Se encerró en el baño y con un cuchillo las amenazaba para que no le hablaran. En su hotel, la Felina recibió una llamada de una muy preocupada Sharon quien la mantuvo al tanto de los hechos. La Felina sabía que, como reza el dicho, «perro viejo late echado».

—No te preocupes, hija —le dijo a Sharon—. Mi niña hermosa está haciendo su respectiva catarsis. Le servirá para expulsar toda la rabia que la atormenta... Mañana viajaré a primera hora —decidió, ya que sabía que solo ella podría manejar la situación—. No hagan nada, no llamen a Omar, yo tomaré el control del asunto.

Cuando la Felina arribó al lugar, Ruth cumplía tres días de encierro, sin comer y, tal vez, sin dormir. Con la ayuda de un cuchillo de cocina, la Felina forzó la cerradura del baño y abrió la puerta.

—¿Qué haces aquí? —Dijo Ruth, sorprendida— ¿No se supone que estabas de viaje?

—Sí eso es cierto, pero una niña rebelde rompió mis planes —la Felina, mirándola seriamente dijo: —Me haces el favor y en un minuto te desplazas a tu habitación, dejas este apestoso lugar y te comportas como la persona madura e inteligente que eres. No quiero más ataques ni rabietas de este tipo. Es deplorable verte en este estado —dijo, con rabia— ¿Qué quieres hacer?, ¿te vas a morir? Si la respuesta es sí, hazlo de una vez, pero no prolongues más este drama que complica la vida a todos en la casa.

—¿Por qué tengo que esperar que me comprendas? Mi mamá se murió y a nadie le importa —contestó agresivamente Ruth.

—Sí nos importa, y más de lo que supones —replicó la Felina, suavemente—. Pero, ante la imposibilidad de hacer algo para resucitarla, tenemos que reconocer que está muerta y que la vida sigue. Ella va a ser tu inspiración para hacer las cosas bien.

—¿Por qué? ¿Acaso ella me enseñó algo bueno?

—Ella te parió, Ruth. Además, ella fue la madre que te mandó el Eterno, y eso basta para aceptarla y amarla sin restricciones, ni impedimentos.

—En estos escasos años, tú has hecho más por mí que ella en toda su vida. —terminó Ruth, quien se desplomó llorando en los brazos de su madre.

—Sí, hija, qué bueno que lo reconozcas, que la gloria del Padre llegó a tu vida y te salvó. Entonces hazme caso, te vas para mi habitación, duermes un rato y te prepararé el caldito delicioso de la «tierrita», para que alejes tus penas con el sabor de la abuela, que desde Colombia está acompañándote en tu dolor.

—Sí, mamá, perdóname, tienes razón.

Así pasaron los días y Ruth, más calmada, retornó a la aparente normalidad de su vida en la universidad. Progresivamente iba adaptándose a su rutina diaria, sin su madre que realmente nunca había estado cerca. Omar invitó a la familia a México, para llevar a la triste Ruth y obviamente todas las damas de la casa aceptaron encantadas. Estuvieron entonces en Cancún, disfrutando de uno de los paraísos más bellos que el Eterno, en su inspiración, creó para el gozo de sus elegidos. Omar, que dormía solo en una habitación, se dedicó a seguir a las niñas todo el día. Quería saberlo todo: dónde estaban, qué hacían y con quién hablaban.

—Se comportan como niñas de ocho años —le dijo a la Felina—. Se ríen todo el día y hablan con meseros que no tienen clase. Debes decirles que se porten bien y que no hablen con esas personas, porque no corresponden a nuestro círculo social.

—¿Cuál clase? —replicó la Felina—. Ellas ríen gracias a Dios. Son normales, juegan, están saludables y hablan con todo el mundo. ¡Qué bendición que sean sociables!

Esas respuestas abruptas y un tanto agresivas enfadaron bastante al suspicaz Omar, quien estaba acostumbrado a controlar las cosas como quisiera. Sin embargo, con esta mujer, que se llenaba de ira si tocaban a uno de sus retoños, no podía más que callar y hallarle la razón. A excepción de las excentricidades de Omar, las vacaciones se tornaban del todo normales: ir al mar, a la piscina, comer en el bufé y disfrutar de las noches de vientos fuertes y refrescantes, y de idílicos espectáculos preparados con cuidado, con estética y dedicación. Los días eran de intenso calor, el color azul del mar te invitaba a liberar todas las preocupaciones, el sonido de las olas en su ir y venir, te relajaba, al igual que los juegos que los turistas habían improvisado en la playa, de las risas de los niños, todo era un encanto en el exótico Cancún.

Con el pasar de los días, y los años, Ruth se repuso de la muerte de su madre natural, a quien no había visto desde que tenía 12 años, aunque a sus 17, todavía quería resolver cuestionamientos de su vida que no tenían aun respuesta. Después del viaje a México, la Felina les propuso irse a vivir a Montreal para estudiar francés. Ella lo imaginó como un proyecto a largo plazo, pero sus hijas lo tomaron en serio y, en un mes, arreglaron todo el viaje. Incluso la pequeña Simeone, de 13 años, partió con sus hermanas, ya que argumentaba querer ser independiente. En esa ciudad, Ruth fue su guardiana, ya que la cuidaba como una madre. Simeone asistió al colegio y las otras dos niñas a la universidad de Concordia.

Después de un año, Simeone volvió a casa, desesperada por ver a sus padres, vivir con ellos y no abandonarlos jamás. Ruth y Sharon estuvieron allí tres años más, hasta que se cansaron del duro invierno de Montreal, en donde las temperaturas pueden marcar 40 grados bajo cero. Aburridas por la soledad, el frío y la falta de calor humano, volvieron a la ciudad donde vivían sus padres, su tierra «natal», ya con tres idiomas a cuestas y una visión meridiana de lo que es el mundo, viajaron a Japón, Tailandia y Singapur en un intercambio de la universidad.

Viviendo en un país que no es el nuestro, se tiende a pensar que los inmigrantes no puedan ocupar cargos privilegiados o acceder a la universidad, porque lamentablemente el sistema envuelve a nuestros jóvenes y los atrae con otro tipo de circunstancias y comodidades que no son compatibles con el amor al conocimiento. No obstante,

Simeone tuvo un plan desde que era niña y conocía todas las universidades de los países más desarrollados del mundo. En ocasiones lloraba, porque tenía muchas inquietudes acerca de lo que quería ser en la vida, y mientras tanto sus padres le pedían al Todo Poderoso guía. Finalmente, ¡la obtuvieron! Simeone ingresó a la universidad de Toronto, una de las instituciones más prestigiosas de Canadá y que tiene el mismo nivel de Harvard o Yale.

Aunque sus padres lloraron la ausencia de su hija, no tenían más remedio que reconocer que los hijos son prestados, y que un día volarán y dejarán el nido para construir su propio espacio. Aun triste por la partida de su hija, la Felina se había empecinado en llevar a cabo todo lo que estuviera a su alcance para ser auténtica, para conocerse a sí misma y para usufructuar su tiempo, que para ella era un regalo preciado de su Eterno Dios. Hacía planes para el futuro mientras reposaba después de un duro día de trabajo entre las reducidas cuatro paredes de una habitación oscura de la finca de una amiga que la había invitado a pasar el fin de semana allí. La Felina padecía una ansiedad incipiente por el inicio de una nueva etapa de su vida, en la que los cambios intempestivos le producían escozor e inseguridad: tenía que mudarse de la que había sido su casa por mucho tiempo. Era lo mismo que sacar un pez del agua y pretender que sobreviviera.

Recordó la historia del abuelo criado con las flores de su jardín, los pastos de su finca, el olor a estiércol, el trino de los pájaros y el sonar armónico de los sapos. Sin embargo, su hija mayor, que lo veía aparentemente achacado, sucio y desordenado, decidió, arbitrariamente y por un capricho, llevarlo a padecer los avatares de la modernidad en una ciudad llena de asfalto, ruido y miseria. Fue tanta su angustia que no resistió la mansedumbre y, un día de los tantos que vivió fuera de su nido, murió como un pollito: triste y desarraigado, con muchas comodidades materiales, y que al final lo mataron. La Felina sentía un escalofrío en todo su cuerpo cada vez que pensaba que algo igual pudiera sucederle.

# Capítulo 11. Reflexiones de la Felina

La estructura de la casa de la Felina era particularmente especial: en el primer piso se encontraban las habitaciones y en el segundo, la sala, el comedor y un bello estudio que estaba cerca de la cocina. En consecuencia, este último se convertía en el sitio de reunión familiar. Era un espacio muy amplio y muy bien decorado; había un pedacito de Colombia en cada accesorio. Tenía una vista hermosa: muchos árboles rodeaban el lugar de paz y armonía. Desde sus enormes ventanas se podía apreciar un pequeño riachuelo, cuyo sonido en las noches de soledad era el más fiel compañero para aminorar los conflictos, y apaciguar los días de intensa labor y de tristeza. En la madrugada, era el despertador implacable que, con sus diáfanas y tranquilas aguas, golpeaba las pequeñas piedras para anunciar a sus huéspedes ilustres un nuevo y floreciente día.

El riachuelo era el reflejo de la enorme belleza de ese país del norte de América, con sus verdes, extensas, e interminables llanuras y montañas, coqueto e imponente abría y abre sus puertas a los forajidos, a los hambrientos de amor, a los perseguidos y a quienes cometieron el más ladino de los pecados: pensar diferente. Acogía a los pobres necesitados de regiones lejanas que habían llegado con la esperanza de encontrar en ese bello rincón del mundo, la tierra prometida y realmente no se equivocaba, porque residir allí es un privilegio que muy pocas personas tienen en el planeta. El vecindario donde la Felina vivía era bendecido con la naturaleza que había alrededor: un parque declarado patrimonio natural de la ciudad, inmenso, contaba con una cantidad enorme de arbustos de todos los colores, impresionantes lagos y definidos accesos que habían sido elaborados pensando en el caminante habitual, el que todos los días, en sus paseos matutinos, disfruta del silencio y la armonía de los bellos y cuidados pastos. Sus casas, gigantes, eran lo opuesto a las pequeñas viviendas del centro de la ciudad, donde se hacinaban muchas personas para sentir la satisfacción del sueño cumplido: vivir en el corazón de la urbe.

Las noches frías en esta ciudad canadiense, la Felina las pasaba, rodeada del verde que, por el cambio de estación, en algún momento se transformaría en hojas secas y chamiza que le producían escozor, dolor y melancolía. No obstante, su amplia casa respiraba un aire algo tropical: el olor a palmera y a cafetal se percibían en cada rincón del lugar. Los cuadros de su tierra natal, Colombia, los transportaban, instantáneamente a sus vivencias pasadas. Las molas, adornos de tela traídos desde un lejano asentamiento de los indígenas Emberá katío, le daban a su residencia un sentido especial.

Los colores con los que el sabio artesano había construido ese maravilloso trabajo llamaban la atención de los visitantes que, sin excepción, paraban en las escaleras a admirar la belleza excepcional de estas artesanías y a comentar la extraña, pero hermosa obra indígena. La Felina podía viajar en un instante y sentirse en el entrañable mar, engalanado con el arrullo de las aves y el reflejo del sol sobre las playas y gigantes olas. Ese océano gigante que desde niña había sido su inspiración, su esperanza, y en el que imaginariamente se movilizaba, disfrutando cada espacio, cada sonido de las aguas cuyo viento barría con desdén.

En Canadá, el sabor indescriptible de un pan de bono, acompañado de una taza de agua de panela caliente, le permitían mentirle a su afligida humanidad y trasladarse por un lapso corto de tiempo a ese sitio del planeta que la vio nacer y que se arraigó en sus entrañas como la herencia más preciada de su existencia. Y ahora, sentada en su estudio, pocos días antes de, inevitablemente cambiar su lugar de residencia por uno más cerca de la civilización, sentía la nostalgia de aceptar que el tiempo pasa. La Felina reflexionó y aceptó que los humanos no solo padecen el desarraigo producido en mudanzas o trasteos, como les llaman en su país de origen, sino que la vida misma es una metamorfosis que se modifica intepectivamente con el paso del tiempo, y que está asociada a la dinámica social que produce cambios tan abruptos, tan dolorosos que solamente se limpia el corazón de la tristeza, con una profunda catarsis. Es algo similar a un acorde armónico: cualquier nota desafinada produce un daño irreparable en el resto de los sonidos, lo que automáticamente arruina la pieza musical. Así mismo, el ser humano padece transformaciones, unas más fuertes que otras, unas más llamativas que otras, unas más bellas que otras, pero que son, a la postre, variaciones que generan alteraciones en el aparente funcionamiento normal de los seres vivos, algunas son físicas y aunque nos molesten por su forma, no son tan importantes como las síquicas que nos conducen a unos escenarios mentales complejos en donde se establece una relación recíproca entre conciencia y razón, dando como resultado un patrón de comportamiento específico.

La dinámica humana es el resultado del comportamiento frente a los demás. Sus ojos café oliva reflejaban su sensibilidad, amor y locura, pues describían lo interesante que era para ella ser fiel a sus principios, a sus creencias y a su Dios, que amaba con infinita dulzura y delicadeza. Su vida entonces planteaba un dilema interesante cuya conclusión era: En la profunda pobreza se funda la gran riqueza de carácter y en el carácter se produce el fuerte decoro de la vida. La mayoría de las veces, el arraigo, el olor del lugar de nacimiento, la canción de cuna que tarareaba la mamá mientras su prole dormía, la fragancia característica de los viejos y abandonados poblados y los recuerdos de las calles nubladas de gente gritando y bailando, deleitaban su corazón «partió». Después de reflexionar sobre la trascendencia de sus pasadas vivencias, la Felina procuró erradicar todo dolor que le produjera su inminente mudanza física y fijar los ojos en el Todo Poderoso para suplicarle, a Él, su perdón por cualquier momento de incomprensión, por el tiempo en que habitó en su corazón la tristeza de luchas innecesarias.

Lo más interesante—y de lo que se ocuparía en el futuro—era liberarse de las cargas producidas por el ego, que no permite a los humanos el discernimiento de lo que es realmente interesante y prioritario. Trabajaba en la limpieza de su corazón, sacudido muchas veces por la sed de poder, por las preocupaciones que produce la falta de dominio propio, por la carencia de fe, por su pereza, por el amor que no manifestó a tiempo, por el desamor que dejó cultivar en sus entrañas, por la crítica malsana, por el ocio, por los malos pensamientos, por el comentario a destiempo que, como en una bella canción mal entonada, produce simple cacofonía, por el abrazo que no dio, por el temor al qué dirán, por la tranquilidad con la que había observado el dolor ajeno y por la falta de solidaridad. Y así, la Felina volvía a nacer, sería una persona libre de cargas inútiles. Reconocería que, en soledad, sentía tedio y temor, pero acompañada, era un ser amado por seres especiales que siempre estaban merodeando su vida, y que los percibía como respuesta a su meditación profunda.

Ahora se encontraba rodeada por sus hijas, que iniciaron nuevamente sus estudios universitarios y se instalaron en la casa de sus padres, un poco desadaptadas por su experiencia en Montreal, ciudad altiva, de noches intensas, de música clásica, de cultura y de oportunidades; una ciudad vieja que no duerme, una ciudad universitaria que vive la vida a velocidad de vértigo. Ellas recordarían por toda su vida el Festival Internacional de Jazz de Montreal, uno de los más reconocidos e importantes del orbe. La otra, era una urbe especialmente hermosa anclada en el pacífico, una preciosa niña, en la que el mar y las montañas se complementan de manera maravillosa y la consienten a cada minuto. La ciudad próspera, adinerada y moderna que muchos habitantes prefieren para pasar el ocaso de sus días, debido a la calidad de uno de los sitios más tranquilos del planeta. Así, pues, sin más preámbulos, reanudaron su vida normal en ese maravilloso lugar privilegiado de Canadá. Mientras, sus padres luchaban día a día para acompañarlas en cada etapa de su vida, conminándolas a ser personas de bien y respetuosas de los estatutos y de las leyes del Eterno de Israel.

Omar se ensimismó en sus conflictos, que cada día se profundizaban y lo catapultaban a la soledad y a la rabia, como lo había predicho su amigo, Reza. Siempre había ostentado la fama de ser un hombre obsesivo, de pensamientos radicales, soberbio y con un concepto del mundo y de la gente que reñía con la bondad y consideración hacia las diferencias. Se aisló en su propio mundo y, aunque la Felina le insinuaba que tuvieran una vida social más cercana, él se empecinó en vivir su tragedia a su acomodo. Su carácter cambiaba fácilmente y de la risa y la felicidad pasaba al llanto y a la rabia.

Atrás quedó su amada Teherán, jamás volvió a visitarla y solamente repetía una y otra vez los recuerdos de sus héroes y de sus conquistas imaginarias. Cansaba a los escuchas con sus historias fantásticas. Ruth nunca volvió a vivir con él, aunque de vez en cuando lo visitaba, cuando la Felina la instaba a verlo. Era difícil hacerla entender que los seres humanos tienen que honrar a sus padres, sin importar su procedencia o comportamiento. Ese fue el designio de Dios y ante su soberanía no hay quien discuta la instrucción.

Ruth fue a la universidad por un período corto de tiempo y, posteriormente, decidió trabajar. Su primer trabajo fue en un set de decoración. No importaba la lluvia, ni que tuviera que pasar hasta 20 horas de ardua labor, porque ella lo hacía encantada; había encontrado en ese tipo de trabajo una satisfacción que no había experimentado jamás. Por primera vez, la Felina había visto sus grandes ojos brillar por la felicidad, se sentía plena, útil y bella. Sabía que este era su proyecto de vida y lo tomó tan en serio que empezó a estudiar para ser decoradora de set. En esta profesión se encargaba de crear y preparar las locaciones necesarias para proyectos cinematográficos, con cuidado minucioso y sin perder ningún detalle. Ante su persistencia y duro trabajo, Ruth fue ascendida.

A pesar de sus éxitos, Omar, su padre biológico, nunca estuvo a gusto, siempre manifestaba su enfadado y descontento, porque Ruth no había estudiado lo que él quería, una profesión de la que pudiera ufanarse frente a los pocos amigos iraníes que le quedaban. No entendía que esta era la mejor oportunidad para Ruth, iniciaba una carrera, con impresionantes oportunidades, en la que conocería mucha gente y se devoraría el mundo, trabajando duro, ganando espacios por su talento y, lo más importante, iría cambiando su constante tristeza y depresión por esperanza amor y prosperidad.

Ruth, la niña que robó el corazón de la Felina, se independizó fácilmente. El recuerdo de su atribulada infancia no le permitió liberarse de todos esos entuertos dolorosos que guardaba en su corazón y que cíclicamente se presentaban otra vez para atormentarla, para reclamarle por su felicidad actual, que aparentemente era injusta. Su carácter se endureció, comenzó a parecerse cada día más a su padre. Se volvió díscola, irreprensible e intransigente. Pese a que su familia adoptiva quería protegerla, ella muchas veces se rehusaba a estar con ellos. Se ensimismaba en sus recuerdos y se culpaba reiterativamente de lo sucedido a su madre. Incluso su relación con sus hermanas cambió, porque su nuevo círculo de amigos era diferente.

Sin embargo, y en contra de todo pronóstico, Ruth seguirá siendo la hija amada que trajo muchas experiencias a la familia, particularmente a la Felina. Es una persona excepcional, siempre será la niña tierna y educada que, pese a sus calamidades internas, defiende la vida que quiere vivir. La Felina la amparaba, la estimulaba a seguir luchando y, aunque muchas de las cosas que hacía no eran de su agrado, esta mujer aguerrida sabía que una de las mejores cosas que aprendió en el trayecto de su vida en Canadá fue el respeto por las diferencias. Así que, tragándose los disgustos, la protegería en la distancia por siempre, porque la conexión que cultivaron a lo largo de los años las blindó de las rencillas, de los conflictos y solamente la incondicionalidad de su amor prevalece ante tanta frivolidad que, en la mayoría de los casos, atenta contra la unidad familiar, fractura la sociedad y se convierte en el detonante para la aparición conflictos.

Porque el proyecto que se plantean los hombres durante el trayecto de su vida es impredecible. Cada momento tiene un reto, un acomodamiento, en cada día que pasa se adquiere una habilidad extraordinaria para reinventarse, para adaptarse a la sociedad, pese a los dolores que trae la convivencia, la diversidad ideológica, pese al malestar que en general producen los cambios, que finalmente son los que nos permiten estar preparados para dar la batalla que genera el paso por este planeta; gana quien ha explorado todo tipo de experiencias. El trajinar por el mundo no es fácil, se levantan del suelo los valientes, no los pusilánimes, quienes prefirieron tomar el control de sus vidas, los que podrán contar la historia a sus generaciones, los que aman su existencia, por más difícil que parezca, porque saben que el esfuerzo les dará la calificación necesaria para entrar en la liga de los elegidos. El rencor, el odio y el orgullo, están destinados a los cobardes, a los que prefieren vociferar, trabar el camino de los demás, arruinar y destruir, a los que no muestran un poco de sindéresis en su discurso, porque viven el día a día destrozados, amargados, en la soledad, la desidia y el duelo, ocupando sus talentos en hacer daño.

Tal vez, al final de esta historia, la Felina podría sentirse culpable de sus andanzas. No obstante, no se arrepentía de nada, porque en cada una de las etapas de esa vida aciaga que padeció estaba reflejado un aprendizaje que solo a los privilegiados se les permite vivir. ¿Cómo sanar las heridas internas si el cuerpo no tiene anticuerpos para drenar toda la purulencia que se pasea anárquicamente en su interior?

¿Cómo curarse física y emocionalmente? El ser humano es una máquina que procesa pensamientos a velocidades extremas, nació perfecto, sin deformación ni mutación alguna, pero en su interacción social, eliminó su sabiduría y razonamiento. ¿Por qué? Porque la intención del hombre es gobernar, arrasar enajenar y, en ese espurio propósito, establece unas estrategias para que sus semejantes vivan en una permanente esclavitud, sometidos a un plan sistemático que han inventado unos pocos para erradicar de la riqueza y de los recursos naturales a la mayoría de la población.

Las trece familias, que formaron el consejo de los 13, manejan el planeta, no son realmente humanos, son seres caídos cuya línea genética es referida en las Sagradas Escrituras en Genesis, capitulo 6; su iniquidad invade cada lugar, son híbridos cuya maldad no tiene límite. En su haber, tienen a todas las monarquías y gobernantes, sátrapas que descendieron desde Egipto y que son poseedores de una inteligencia extraordinaria y maligna, proceden de la genealogía de Caín, esa simiente que nació como producto de la desobediencia de nuestros padres Adán y Eva, y cuya maldición se extiende hasta nuestros días, su gran propósito: mantener al pueblo entretenido, que no piense, que no discuta, que no pronuncie palabra. Formaron estereotipos de moda, de pensamiento y de moral, que el resto de la población sigue sin conocer su significado, pero que como borregos van al matadero.

El sistema bancario está perfectamente diseñado para mantenerse en la cima del poder, amparado en la política de la deuda para esclavizar a la clase trabajadora y generar un tipo de plusvalía que cada día debilita al más pobre y genera ingresos inimaginables a la elite, esta gente malvada, que adicionalmente genera crisis bancarias para engañar a sus usuarios y robarles sus activos. La manipulación es una de las armas más certeras, la cual usan a través de la literatura, la televisión, el deporte, el cine y las religiones. Es esa que se logra cuando se exacerban las emociones para que las pasiones revienten los umbrales de la tolerancia y entonces se pierda la cordura. El hombre desconoce por completo el verdadero origen de sus gobernantes y sus intenciones malignas. Son grupos poderosos que trabajan en cada detalle, en cada situación que les garantice obtener sus metas.

¿Y cuál es su verdadera intención? Tomarse totalmente el globo terráqueo, ser los dueños de los recursos naturales y esclavizar a la humanidad mental y físicamente, porque una persona adormecida, zombi, no piensa y es presa fácil del soborno, de las historias de amor, de los lobos vestidos de ovejas que los instan a endeudarse, a tomar todos los medicamentos que se le prescriban para pelear su vida miserable e inducida. En ese sistema muy bien establecido, todo lo que diga un médico o un líder religioso, es la verdad absoluta, no se permite discutir o disentir porque inmediatamente se es excluido del círculo social. Eso es lo que ellos quieren de la población mundial, la muerte en vida de los seres vivos, que les permita apropiarse de sus pertenencias y peor aún, de sus conciencias, porque a través del control total de sus pensamientos se permite un fraccionamiento del cerebro lo que genera una doble personalidad que el ser humano usa desplazando todo un arsenal de historias no reales para satisfacer el ansia sexual y sicológica de su verdugo, plan maquiavélico que se usó por primera vez en la Alemania Fascista, para programar el pensamiento y crear seres que han experimentado toda serie de abusos y en efecto su umbral de dolor es superior al rango medio de población. Como consecuencia de ese programa sistematizado pierden la sensibilidad por períodos largos de tiempo, lo que los hace vulnerables y a ser usados para cometer crímenes en serie, pues en su nivel de enajenación y de la sicoadicción por la ingesta indiscriminada de medicamentos, actúan como seres autómatas que carecen de todo sentido de amor y de responsabilidad social.

Cada uno puede aportar al cambio, a esa transformación del mundo con el que la Felina soñaba y por el que cometió tantos errores. Si en vez de perder el tiempo creyendo en las teorías del hombre buscamos al Eterno y seguimos sus leyes, nos volveremos prósperos y viviremos una vida maravillosa. Es volar en tiempo de cometas, es disfrutar la maravilla de la creación sin tener que ufanarnos de lo grande que somos. Es solamente permitir que el tiempo vuele a nuestro favor. Por más atribulado que esté el mundo, seremos inmunes al dolor. En la humildad y en el silencio, podremos deleitarnos con la presencia de su hijo amado.

Hoy, la vida para la Felina continúa de la misma manera que para el resto de las personas, con penalidades, tragedias, temores, rencores y odios, pero con una nueva perspectiva en su vida: seguir las instrucciones de Dios, como una guía para entender que cada día tiene un objetivo, que todas las cosas que nos suceden son ordenadas perentoriamente por el Eterno y que todos los eventos que vivimos, sin excepción, son para nuestro bien. Entender que el tiempo no existe, es solo una ilusión de nuestros sentidos y que, por más oscuras que percibamos nuestras experiencias, siempre al final se ve la luz. Para ella acabaron los tiempos difíciles en los que, siguiendo las leyes de los hombres, se vio envuelta en una vida que no le pertenecía, y que mucho menos le favorecía. No se arrepiente porque aprendió a saborear el dolor intrínseco de su ser, y se curó de los engaños de los sistemas corruptos, incluyendo las religiones.

Asimismo, la conminó a ser disciplinada, a amar con locura, a no dudar de sus principios y valores y a entender el propósito de su vida con sus hijas amadas, incluyendo a Ruth quien, como la Ruth de Persia, salvó su propia realidad de tanta mezquindad y falsos paradigmas. Hoy, la Felina se deleita viendo a sus hijas crecer sanas, inteligentes y trabajadoras. El tiempo pasó, y esta pequeña mujer valiente e irreflexiva, de carácter inflexible, está recogiendo la cosecha que sembró cuando reconoció su error y entendió que era una elegida que goza del privilegio de escuchar a su *Elohim* en las noches de frío, o cuando la inquietud invade su espacio físico o en esos preciosos momentos en que, desde lo alto recibe sin ser merecedora, una protección especial, todo un ejército de mensajeros que la cuidan, guían y custodian y también a sus hijas y a su esposo, que son el pilar imprescindible para su supervivencia.

Así las cosas, ella hoy vive una de las estaciones más bellas de su existencia, sumergida en la paz que nunca pensó sentir por lo complicada que fue parte de su juventud; reconoce que estar contando su historia es un milagro que solo Dios brinda a sus hijos amados. Tiene la oportunidad de crecer con su familia al lado, siendo la madre protectora, amiga y enérgica que están dispuestos a amar y admirar hasta el final de sus días. Ha vivido mucho, ha soñado inmensamente y hoy, invita a coterráneos y extranjeros a declararse libres, a pelear por su dignidad, por la verdad, por evitar que unos pocos destruyan el planeta a sus anchas. La Felina entendió, otra vez valorando la belleza del paisaje y el verde hermoso de sus frondosos árboles, que la pobreza y la injusticia social son producto de la maldición que fue establecida desde comienzos de la humanidad, cuando el humano, haciéndose el sabio, desafió al Creador.

Recordó una frase que se volvió muy popular: «Los pueblos se merecen sus líderes». los electores ponen a los gobernantes de turno debido a sus influencias políticas, líneas genealógicas, a la corrupción y aunque ese fenómeno inentendible produce cierto escozor, no tienen más remedio que aguantar, no puede culpar a nadie. Es así como, aparentemente, la derrota y la muerte parecen ser el único resultado de las equivocaciones del hombre que va por la vida sin ninguna guía que le permita ver la realidad de otra manera.

Hoy se puede observar, con meridiana claridad, que el papel de los medios de comunicación es desinformar y confundir, aunque a lo largo de la humanidad siempre ha sido el mismo, no lo era para la Felina en su estado de inconciencia. En su época de universitaria cuando fue comunista, es decir, cuando estaba confundida por el odio que produce una falsa doctrina. Todo era poético, inocente, el producto de las hormonas que se alborotan en la juventud. Esta inestabilidad fue aprovechada por «sabios» que buscaban borregos para ponerlos al frente del cañón, porque los dogmatismos, de cualquier clase de pensamiento son una farsa. Por obvias razones, las Sagradas Escrituras les recuerdan a los hijos del Dios viviente, que estamos en este mundo, pero no le pertenecemos a él. Y, ¿cómo podríamos ser incluidos en una sociedad asaltada por el cinismo y la mentira?

¡La Felina no estaba loca! Repetitivamente pensaba en la maldad que se incrustó en la población camuflada en la vida cotidiana, y no se explicaba cómo y cuándo se había descompensado el mundo de tal manera, o mejor, se hizo consciente de esta tragedia, porque Dios, inicialmente, creó a sus hijos para disfrutar de su infinita y hermosa creación. El Eterno le dio a cada ser, la inteligencia necesaria, para tener la capacidad de valorar sus acciones y las circunstancias del entorno, aunque no lo queramos entender o aceptar. La Felina no era otra cosa que una persona inquieta por el conocimiento, ese que le permitiría a la humanidad ser libre, ese que la liberaría de las mazmorras del enemigo ¿No es esto interesante? ¿No nos llama la atención saber que estamos presos en nuestra propia cápsula de comodidad?

Todas las criaturas del Creador cayeron por el pecado del Edén, destruyeron el plan que tenía Dios, y las cosas maravillosas que, con sus manos, fabricó. Sin embargo, podíamos mantener ese estado de infinita perfección cumpliendo las instrucciones que nos envió, pero este "Manual" para muchos no fue una opción. Era preciso mantenerse engañados por la serpiente antigua, que vivía en el planeta desde el comienzo de la creación, y que fue condenada a vivir en la tierra para seguir con su plan: matar, mentir, y engañar. El insensato le creyó y desobedeció. Ahí comenzó la adoración a dioses paganos. La sociedad está llegando a su final, como desenlace de la iniquidad que impera en el planeta. Todo este estado de miseria y degradación, un ejército de millones de entidades malignas que habitan en cada casa, en cada ciudad, en cada país, permitirá el gobierno del rey de este mundo. Tienen posiciones como príncipes y gobiernan este planeta manteniendo la ignorancia de los seres vivos, lo que les permite conservar una preponderancia aparentemente inexplicable ya que se lo concedemos sin mayor análisis, la banalidad, las actitudes mezquinas, los hábitos mundanos, la incomprensión y el cinismo, secuestran nuestra razón y no nos dejan ver la llegada del final del mundo.

¿Por qué las entidades psiquiátricas le meten el cuento en la cabeza, a la gente joven de la depresión?, ¿por qué el sistema bancario del planeta esclaviza, arrasa y empobrece? ¿Sabemos por qué las empresas farmacéuticas del planeta son las que más dividendos producen? Que a la postre, generan más enfermedades como resultado de sus efectos colaterales, ¿por qué? El humano nació perfecto, su sistema corpóreo es semejante a su creador. Entonces, ¿por qué los estados mórbidos aparecieron? ¿Quién se beneficia con la presencia y tratamiento de las mismas? Tenemos que liberar la mente y desmitificar la premisa de que las empresas farmacéuticas están interesadas en la salud y bienestar de los pobladores del planeta. Ellos inventan epidemias para vender más antibióticos y ganar más dinero.

Ellos también estimulan el espíritu de temor en la sociedad, arma efectiva, que les permite gobernar a sus anchas y robar los recursos naturales. Hay un mundo subterráneo que controla a sus anchas a través del miedo la humanidad, así, los falsos ataques terroristas como las torres gemelas, fueron planeados por las élites que gobiernan el sistema. El que tenga oídos, que oiga. El que tenga ojos, que vea. El que tenga conciencia, que explore y no se deje engañar. Es fácil salir de todo este andamiaje y hacer parte de los escogidos, de los salvos, de los protegidos por el Creador.

Bebió un sorbo de su café y trató de aliviar sus atribulados pensamientos. En su imaginación, avistó el cielo lleno de golondrinas que paseaban cerca de su ventana y que le daban la bienvenida al verano. Recostó su cabeza contra la pared, mientras en el azul infinito del firmamento se advertía que un nuevo día comenzaba; le daba lástima reconocer que la tragedia del mundo es producto de los errores que cometemos los humanos. Pero le aliviaba la conciencia el reconocer que, con el paso del tiempo, había más personas interesadas en conocer la verdad y reconocer sus errores. Solamente protegiendo, perdonando y concientizando a los demás acerca del sistema de control del que todos somos víctimas, nos podremos librar de ruina en que se encuentra este mundo, no debemos permitir que nos moldeen a su amaño.

Todos los días, la Felina pensaba que había una realidad paralela en su vida. Siempre estaba pendiente de que llegara el tiempo de las fiestas que el Eterno ordenó y que sus hijos deberíamos cumplir inevitablemente. Como una premonición, ella sufriría un tipo de catarsis dolorosa en su existencia. ¿Por qué le sucedería eso a la mujer pequeña de embriagadores ojos miel? Ni idea, ella misma era incapaz de definir el término *shemitah*, para la Felina era tan grande la bondad del Eterno que no entendía la grandeza de su generosidad que era inversamente proporcional a la maldad de la humanidad. No obstante, le ofreció a su pueblo nuevamente la oportunidad para el perdón, después de que los Israelitas llegaron de Egipto y se instalaron en Israel. Cuando pisaron la tierra en la que fluye leche y miel, se inició el conteo de 7 años. Cuando termine ese tiempo, se generará un año sabático para que los hijos de Dios borren, perdonen y condonen todas las deudas con sus hermanos hebreos. Asimismo, se debe dejar reposar la tierra por un año, para que posteriormente se pueda cultivar en campos prósperos que nos permitan producir la comida y la provisión. Si cumplimos sus estatutos, El Creador nos premiará con sobreabundancia. (Éxodo 23: 10-11; Levítico 25:1-7)

Todo por la soberanía del Dios de Israel, que nos da un respiro y otra posibilidad en medio de la sombra para levantarnos de las cenizas y poder lograr una vida llena de paz y prosperidad. También, es el resultado de recoger lo que sembramos. Si hemos pasado la vida cometiendo errores que afectan a los demás o a la naturaleza, estaremos en una permanente maldición, pero si, por el contrario, meditamos en su palabra y nos acercamos a Dios de manera genuina, todo lo que toquen nuestras manos será prospero porque él nos bendice a causa de las promesas que le hizo a su pueblo. Esas luchas internas en las que se debatía cada día la agotaban, la llevaban a un sueño profundo en donde anhelaba que alguien le diera la respuesta a sus continuas y complejas preguntas. «La vida es dura», pensaba. Todos los días son un reto, pero toda su reflexión era agotada y sus cuestionamientos respondidos, solamente basta con acercarse al Eterno que con un amor sobrenatural la calmaba, la protegida en su manto y la llenaba de ganas de seguir viviendo.

Tenemos que buscar la forma de salir del despiadado mundo en que vivimos y no permitir que nos gobiernen como a seres pusilánimes. Hay otro camino para cambiar las cosas de manera lícita y honesta. Se puede expresar la singularidad, respetar las diferencias, no tenemos que nadar contra la corriente y llenos de miedo. La verdad no va a cambiar porque no se crea en ella, es eterna. El inconsciente colectivo siempre se equivoca, tenemos que liberar nuestras mentes de lo aprendido dentro de este sistema, que en la mayoría de las veces nos provee verdades a medias; entender que los medios nos incitan a creer y a que respondamos de la manera como ellos conciben su realidad. Tenemos que rechazar a los seres falsos y malvados que nos intimidan, que nos generan temor. Debemos cambiar el concepto de los líderes de este plan temerario que nos tiene sometidos, que nos atrapa en vibraciones, llamadas miedo.

Debemos erradicar de nuestros pensamientos la idea de que cada uno de nosotros es un ente sin ningún poder de entendimiento, discernimiento o talento.

El microchip, la guerra química y la calidad en la alimentación, son hoy por hoy, un cóctel venenoso que favorece la alienación, la pobreza y el miedo. «¿No estará bien ser libre?» se preguntaba constantemente la Felina. ¿Qué es ser libre? Es una utopía que nos invita a crear ilusiones en nuestra mente y que, en efecto, modelan nuestro comportamiento. Si aceptamos que somos una pieza fundamental en el cambio, combatiremos las intenciones malignas de quienes pretenden gobernar bajo un solo lenguaje, y con una sola moneda, dando comienzo a la era del rey de las tinieblas, que es la antítesis de la verdad, y cuya prioridad es perpetuar la inequidad, la injusticia y la maldad para llevarnos a la más oscura y penosa esclavitud. El futuro está aquí y tenemos un papel protagónico si nos concientizamos de nuestros grandes desafíos; es el momento de despertar.

Las posibilidades de salvarnos de la esclavitud son muy grandes si la pregunta constante e individual es: «¿Quién soy?», «¿Dónde estoy?», «¿Cuál es mi realidad? La educación y los medios están íntimamente relacionados para fortalecer la desinformación y hacernos dóciles; el sistema de control no quiere que nos separemos de esta realidad. La siquis está siendo conquistada sistemáticamente, la relación entre el oído, el cerebro y el sonido puede ser manipulada, los medios implantan su propaganda y la persona lo cree automáticamente. Los trastornos mentales son motivados porque no se decodifica el mensaje de manera normal. Es un juego informático muy sofisticado, que hipnotiza y que es usado día a día por los verdugos que nos necesitan dormidos y retraídos para establecer «el orden y la obediencia colectiva».

A través de los sistemas masivos de comunicación, pueden jugar con la mente frágil y desconectada del humano. La «conciencia colectiva», a la postre, les permitirá adorar los dioses inventados por la gran élite como resultado de su matrimonio ilícito con el dios de este mundo. «La información será puesta en tu cerebro y en tus ojos para que no veas la verdad, estás en una cárcel, pero piensas que la verdad absoluta te pertenece», pensaba la Felina.

Recostada en su sofá, escuchaba una pieza clásica que su esposo había compuesto exclusivamente para ella y que interpretaba de manera magistral. Inundaba su ser de ese amor incomparable que los había acompañado por casi tres décadas y que estaría ahí enclavado en sus entrañas hasta que la parca los desapareciera. Por ahora, el invierno hacía nuevamente su aparición, enfriando las mentes y los corazones de los transeúntes inquietos de la tierra.

www.ingramcontent.com/pod-product-compliance
Lightning Source LLC
Chambersburg PA
CBHW071153160426
43196CB00011B/2063